誣《ふ》説《せつ》が先行する南海の美少年
天草四郎時貞の実像

彷徨《さまよ》える日本史

源田京一

幻冬舎MC

誣説《ふせつ》が先行する南海の美少年
天草四郎時貞の実像

彷徨《さまよ》える日本史

はじめに

高校歴史「用語半減を」暗記より思考重視。

平成二十九年十一月十九日に全国紙に躍る衝撃のニュース。「龍馬、ガリレオ……姿消す？　教員団体が提言案」。記事を紹介しよう。

これは高校の日本史、世界史で学ぶ用語を現在の半分弱の一六〇〇語程度に減らすべきとする提言案を高校、大学の教員団体がまとめた。暗記項目を絞り、社会の成り立ちを流れで学ぶ歴史教育を重視する。歴史上の人物は坂本龍馬や上杉謙信らも削減対象とされており……（以下略、日本経済新聞朝刊）。

用語案をまとめたのは高校、大学で歴史教育に携わる教員らでつくる高大連携歴史教育研究会（高大研）とある。高大研という文字は初見ではないが、さりとて馴染みのあるものではない。教科書に関連する案件を語る偉い人の団体であるようだから、知りおくべき名前であることは間違いない。ここで「一六〇〇語半減」と言われてもいまひとつピンとこない。然し、半減であるということは、ふたつにひとつは消えるという計算になる。これはどこも間違っていない計算であろう。であるとすれば、漠《ばく》に申せば我々のような高齢の一般人には、今まで知り得た歴史用語の知識が半分は不要、不活になるということに近い。これはやはり一大事ではないか。

筆者は環境に恵まれて、現在も大学で日本史の講義を受けている。しかし、これから大学を受験する立場ではない。従って、高校の歴史教科書の語が半分になったからとしても、歴史の姿そのものが何ら変わるわけではない。素人が不平を垂れるところではないという周りの声は充分に想像できる。然し、それでもやはり一言くらい申し上げたい心境でもある。

新聞記事の真ん中に削減対象の「一六〇〇語」の一部と思われる二五の用語が表になって紹介されている。出過ぎたことであるが、読者の皆さんに紹介する（世界史分は省く）。

①竪穴式住居《たてあなしきじゅうきょ》②土師器《はじき》③中宮寺半跏思惟像《ちゅうぐうじはんかしいぞう》④蘇我馬子《そがのうまこ》⑤大納言《だいなごん》⑥稗田阿礼《ひえだのあれ》⑦薬子《くすこ》の変《へん》⑧源　義家《みなもとのよしいえ》⑨藤原清衡《ふじわらきよひら》⑩悪人正機説《あくにんしょうきせつ》⑪楠木正成《くすのきまさしげ》⑫上杉謙信《うえすぎけんしん》⑬武田信玄《たけだしんげん》⑭梅松論《ばいしょうろん》⑮桶狭間《おけはざま》の戦《たたか》い⑯天草四郎時貞《あまくさしろうときさだ》⑰千歯扱《せんばこき》⑱中江藤樹《なかえとうじゅ》⑲高野長英《たかのちょうえい》⑳十返舎一九《じっぺんしゃいっく》㉑高杉晋作《たかすぎしんさく》㉒坂本龍馬《さかもとりょうま》㉓新選組《しんせんぐみ》㉔ボアソナード㉕旅順占領《りょじゅんせんりょう》

これらの用語が歴史の教科書から消えるといっても、歴史学上や人類の足跡が消えるわけでもない。さりとて、当然のことであると学び、長年馴染んだ歴史の用語が消えると聞くと、歴史そのものが消され、歴史学の流れが改変され、一変してしまうのではないかと要らざる不安をおぼえるのは、筆者だけであろうか。

とにかく、五十年前の受験知識から読解してみるに、②・③・⑭・⑰・㉔は初見である。五十年の経年がどれ程の変化に相当するものかわからないが、概ね時代の流れを推測できる程度の変化のような気もして、どこか安心もする。

今回の高大研の用語の削減は単に初回の提案レベルであるが如く、一見、軽い調子で紙上に流された。然し、テレビのニュースでは全く報道されなかった。全くというのは語弊のある物言いかもしれないから、言い換えよう。筆者の見る全国ネットのテレビでいつも見る夕刻から深夜までの時間帯のニュースでは報道されなかった。早速、翌日に全国紙の本社に問い合わせて確認した。全国紙の代表クラスが全て二面、三面の紙面に於いて同様な扱いで流されていると明確に返事があった（東京首都圏版調べ）。何故に筆者がこれほど報道の在り方に拘《こだわ》ったのかということであるが、全国紙では報道されたようだが、地方紙は二紙ほど確認したが報道されていない。あったとしても扱いが小さかったのであろう。念を押すがテレビでは報道されていない。ネットでは速やかに流されていた。テレビ報道は反響が懸念されたものか。

筆者にとってはこの「日本史教科書一六〇〇語削減」のニュースは教育上、大変な重大ニュースで日本中が大騒ぎになり、当然、テレビでコメンテイターが物申すことになると想像していた。ところが何処からか統制されたが如く全く触れなかった。

数年前に文科大臣の下村博文氏が国立大学の文系学科の募集定員を削減しなさいと発言し、東京大学の総長や高名な学者たちが政府の姿勢に大きく反応した。今回は高大研の初回提示案のものと断りを入れていたが、これは案であっても方向性は決定していると感じられる報道であった。二〇二〇年に実施されるような既定された内容でもあった。今、筆者の受講している大学でも講義の在り方や、学習ツールの革新を念頭に置き、「Deep Learning」（深層学習）の体制に向かって奨励、研鑽《けんさん》されている。特に歴史学が暗記学問でなく、深層熟慮の学問であるような方向にすべき姿を求めんとするものであろう。歴史学ばかりでなく、あらゆる学問の分野もそのようであるが、明日の日本の高等教育と人材育成のグローバル化に対応出来るものという、文科省の軌道修正であろう。

最近の報道では日本の高等教育のレベルの世界ランクが下降していることに懸念を示していた。有り体に言えば世界に比べてランクが下がっているから、誠に遺憾であるということであろう。この傾向は国立大学を独立行政法人に認定したところ辺《あた》りから下降しているという声も聴く。大学を自身で独立採算を目指す組織として、天下りや無駄な公費を使った高所意識を改善し、学業に邁進《まいしん》させるという高邁《こうまい》な目標であった。ところが世界の国々が急いでレベルを上げたのか、日本が下げたのか明確ではないが、一般の物差しでは日本のランクは確実に下がっていると言う。これについて、ランク基準が日本の得意とする審査基準ではなくなっているのであって、学者の研究レベルは充分であり、高等教育も取り立てて下降はしていないという反論もある。事実はどこにあるのか筆者の認識ではわからないが、急激に変化している「第四次産業革命に対応出来る人材の育成に資する大学となるべし」の教科書改革であろう。筆者はそれに反論するものではない。同席する留学生を見るが確かに学業に励んでいる姿の方が多い。

話題を日本史に戻そう。一六〇〇語を削減する案通り実施されたら、筆者としては、現役受験生たちの諸君には心新たにして頑張って頂くとしか言いようがない。

それではすでに高等教育を修了して、「暗記科目」としての日本史で経過してきた大人たちはどのように日本の歴史に対応したらよいものであろうか。先に触れたように、何も今まで身に付けた歴史の知識が無駄になることはあり得ない。それはどなたも得心であろう。

然し、これから学ぶ若者たちと、中年、老年と言われる先輩人たちとの融合感は持てるのか微《かす》かな不安は残る。平たく言えば、ドラマも映画も小説もジワリジワリとずれてきて、赤穂浪士も知らない、坂本龍馬も知らない日本の歴史は異文化となってしまうのではないか。表現がいささか大袈裟《おおげさ》ではあるが、大学で歴史学を専攻する人はよいが、一般的には教科書から消えた歴史の流れを、更に深く学習する賢者はどれほどいようか。時代が流れればやはり記憶の彼方に消えることになるのではないか。大河ドラマも違った姿になれば、家族の会話も減るのではないかと思う。

これまで歴史学は暗記だけで学ぶものではないと教職員は教壇から言い続けてきたが、今ここにきて暗記科目であることを認め、教科書と教育体制を変貌させようとしている。

筆者は長く日本史を眺めてきたが学者ではない。然し、筆者も含め今日の歴史学を暗記学問にし、オタク色の強い学問にしてきた先人たちに幾分かの責任もあるのではないかと僭越《せんえつ》ながら思うが、強くは出られない。

文系学問は立場と見る角度が変われば、また異なるものにも見えるものである。一〇〇人よれば一〇〇通りの見方と意見が出る。その多数の参加と各種の意見が、中道な意見と落としどころを導く学問であることを真髄とするが、人類の足跡である歴史は、本人に出会い、事実を確認しなければことの真実の判別がならない。

何年か前にセンター試験であったか、それとも東京大学の入試問題であったか忘れたがこんな問題が出題されていたからここに紹介しよう。

これは○×問題のひとつの選択肢の一文である。

次の肢文の正誤を答えよと言った問題であったように記憶している。


「( ) **ドイツの医師クルムズが著したターヘルアナトミア『解体新書オランダ語の訳本』を日本で最初に訳して日本に西洋医学を紹介し、普及したのは前野良沢、杉田玄白である**」。


読者の皆さんは如何様《いかよう》に答えられようか。筆者の『彷徨える日本史』シリーズは常に読者の皆さんと共に、目線を合わせて思考する読者参加型の本である。

筆者は残念ながら正解は取れなかった。正解は×印である。最初に西洋医学を訳したのは、長崎大通詞（通訳）であるというのが史実である。従って×が正解であるらしい。らしいという物言いは不遜であろうが、筆者はこの問題に正解が取れなくても全く残念ではない。

正解をされた読者に伺いたい。正解に至る過程に役立ったのは、暗記していたのか、筋論から長崎大通詞に熟慮して辿り着かれたのか。いずれにしても正解者には拍手ものである。とはいえ筆者はこの問題に疑念を感じるし、素直になれない。これは最高学府の問題としては、あまりにも格調に欠けるものではないか。問題作成者は、東京大学を舐めちゃいけないよ、の勢いであったのか。

いずれにしてもひとりの意見で作成された問題ではない。往時の担当教官たちの合意であったはず。こんな問題で判定された受験生たちは何をどのように反省すればよいというのであろう。暗記型でも、熟慮型でも手を焼く。輸入書物は往時においては、全て通詞の手を通す。それが彼らの役向きであって、特別でなく普通の仕事である。彼らは国内に西洋医学を普及させようとの意図ではなく、通詞としての役向きを果たしたに過ぎなく、翻訳した結果がどうなるかは通詞の与り知らぬこと。それとも西洋医学の拡大結果によって、昇進や褒美を与えたという古文書でもあるのか。これでは実証主義に基づかない歴史学も結構盛んではないか。筆者は東京大学に挑戦出来る実力なぞ全くないが、少しも残念な思いは湧いてこない。

さて、現在の歴史学会には古文書、各種の文献を揃えても判明しない案件が沢山ある。今まさに文科省と高大研の先生方により、日本の歴史教科書から姿を消すことになろう、幾多の用語の中から筆者はこの機会に、今なお核心に触れられない南海の美少年「天草《あまくさ》四郎時貞《しろうときさだ》」と「島原の乱」の直因となった日本全国の「貴利支丹」への一斉蜂起を呼びかける謎の廻状の作者の探索と追求を読者と同じ目線に立って、日本史の近世における最大の叛乱事件の奇怪《きかい》さと謎に挑戦することにする。

そして「暗記学問では片づけられない歴史の学習」を少しでも、前進させて読者と認識を共有し、悪あがきと言われようが、この事件を彷徨える淵からデウスのましますパライソに送り、先に待ちうる信者の花園に辿り着けることの一助としたい。

目次

第一章「島原の乱」とは何だ

岡田章雄《おかだあきお》氏の著書、『天草時貞《あまくさときさだ》』（一九六〇年版　吉川弘文館）に現在の学会に於ける天草四郎の扱いをうまく表現されている一文が見られた。引用して説明しよう。敢えて太文字を使う。

歴史をかざる多くの人物像の中には、まま陰画《ネガ》のものがある。一瞬夜空にきらめく流星のように、時の人びとの目を奪い、世をおどろかせたかと思うとそのまま歴史の闇の中に消え去り、その名はすべての人の口の端にのりながら、しかもその素性や人柄については、誰もそれを明らかにすることが出来ない。架空の人物かと見れば、その実在は史実の中に歴然とその存在を積極的に証明する手掛かりは殆ど見当たらない。ただその行動や活躍が放ったまばゆい閃光《せんこう》が、鮮やかな残像を時の人びとの網膜にやきつけ、それが歴史のページにわずかに跡をとどめているに過ぎない。

岡田章雄氏は昭和三十五年（一九六〇）に『天草時貞』の初版を出版されている。生まれは明治四十一年である。筆者とは和文の感性に大きな差がある。さらりと流される文脈にも、力感と爽やかさが調和されており、一言も手を入れるスキがない完成されたものである。ただ感服するばかりであることを申し上げ、引用に於ける御礼を重ね致します。岡田氏のこの一文の意とするところは、平成三十年（二〇一八）の今日に至っても、なんら外れた見識ではない。

さて、次の引用は地方紙とはいえ全国的に見ても有力な新聞である、九州は福岡県を地盤とする西日本新聞の熊本支局の平成二十九年（二〇一七）六月二十七日付に、大紙面扱いをされた貴重な記事を紹介する。紙面に載せて曰《いわ》く

〝島原の乱　古文書群十四年ぶり発見〟

天草四郎の姿　詳述

「額《ひたい》に十字架、手に御幣《ごへい》」

と記事は躍っていた。

筆者は即座に熊本支局に記事照会の連絡を取り、取材の経緯を聞いた。当然ニュース元は明かされないが、記事の言わんとするところを尋ねたが記者からは〝記事の通りです〟と返され、残念ながら感触は取れない。仕方なく紙面本文を読んで驚いた。そこには、あの著名な歴史学者の五野井隆史《ごのいたかし》氏がコメントを寄せられている様子の書きよう。五野井氏は遠目ではあるが、その姿を拝目した程度でしか知らない。キリシタン研究の本を多数手掛けておられる。筆者も数冊拝読した。その紹介の一文の後段部に続く五野井氏の西日本新聞の記事を紹介しよう。

「**生々《なまなま》しい見聞は島原の乱と天草四郎を知るうえで貴重な史料**」と評価。「**物語的な話が先行しがちで謎多き少年だが、四郎は実在したとみていいと思う**」と記事は伝えている。

この古文書文献は昭和六十年（一九八五）年に苓北町《れいほく》の旧家で見つかり、天草郷土資料館（私設）に展示されていたもの。近時、同郷土資料館は平成十五年（二〇〇三）に閉館されたため、関係者の蔵庫になったものらしい。これで長らく資料館か、いずれかにあったものが出現し、そのうえに五野井隆史氏のお墨付きが得られれば、世界文化遺産に登録された天草、島原地区への訪問客は限りがないであろうことが予測された。

筆者はスタートからいきなりであるが、この流れに幾分、得心できないところがある。現場に行けばそれなりの事情があろうと思うが、この貴重と言われる文献は世間に初お目見えの文書ではあるまい。

前述の如く二〇〇三年まで私設とはいえ、郷土資料館と称する所に展示されていたというわけだから周知の文書であろう。それをさも突然、発見されたが如くこのタイミングでトップ記事扱いされている。地方紙とはいえそのあたりについて、それなりの説明がないと誤解を招くであろう。そしてその記事に学会の重鎮の五野井氏が有難いコメントをされている。これは筆者の杞憂《きゆう》であるとよい。いずれにしても、これで歴史の流れは大きく変わらなければ学問的に窮屈《きゅうくつ》な流れになろう。これで歴史愛好家の期待は大きく弾むことになる。なおこの一四年ぶりの発見の案件は後節に於いて（本書二〇二頁）

いま少し、「御幣《ごへい》」に拘《こだわ》り深掘りの解釈をして説明する。弾んだ勢いで次に進もう。

第一節　呼び名が多い関連文書、理解に苦慮

本書のテーマに関連する歴史書を読んでみるとまず、多くの本には、第一に呼び名が多いことと、多様な人物が名前の一部をかえて限りなく登場することがわかる。初学者が手を付けにくいことは感じ取れる。そしてその多数の文書の特徴として、年月、日時がいずれも詳しい。これは何故だか筆者もわからない。とにかく、あらゆる文書の出自と日付が明確に考察されたものが多い。他にこれほど克明なことは中々にして類を見ない。然し文章が多い割に考察が進んでいない。何らかの先行学者の意図があろう。この点については、近しい教官に尋ねてみることにするが、学問上、ある程度整理する必要性はないだろうか。この本を書き上げるまでにはお答え出来よう。

まず、必修用語を見る。筆者はここから用語について使い分けをしていきたい。但し、その呼称の基準は筆者の判断であり、何ら他の文献の呼称を否定するものではないし、

異論もない。

キリシタン、切支丹、吉利支丹、貴利支丹、島原の乱、天草の乱、島原天草の乱、天草四郎の乱、と他にも紹介しきれないくらいある。学問上の事件はひとつであるにも拘《かかわ》らず、何故こんなに呼び名、呼称があるのかわからない。それだけ文献が多数であるということであろうが、作者に郷土関係者が多く、出版を目指す人が多いのであろう。

郷土色の強い案件は、その行政単位ごとに郷土史を残すものらしい。然し、そこにも問題はない。ただ、学問上は簡素にして共通認識を持った方が誤解も少ないし、後世において初学者が取り扱い易いと思うがどうであろう。そこで本書は出来るだけ読者と共通する認識を持てるように案内したい。

最近の教科書は「島原・天草の乱」に改変されている。筆者は敢えてここでは「島原《しまばら》の乱《らん》」と呼び、四郎は「益田四郎時貞《ますだしろうときさだ》」と呼称し、読者と認識を共有したい。色々の書きようもあるが、ここははっきりと確認すべき場面というところではそのように使い分けたい。特に「益田四郎時貞」と「天草四郎時貞」の引用は注意したい。益田四郎時貞は日本史として登場するとき（筆者考察の範囲）で、天草四郎時貞はキリスト教のカリスマ頭目として登場する宗教色の強い場合に引用する呼び名とする。また、キリスト教の信徒の呼び名も多数あるが日本色の残されている信徒を「切支丹」と記し、二度と「転び」はしない信徒を「キリシタン」と呼称する。このような用語に対する拘りはいずれ読者の皆さんにご理解頂ける文脈にしたいという工夫である。なお、五代将軍徳川綱吉以後は「吉利支丹」の表記の「吉」は綱吉の一字として使用を禁じられたことを付け加えておく。

とはいえ筆者が引用している文献の用語の数も少なくはない。多くの文献と登場人物に費やす時間と解釈はかなり面倒である。それでも読者と同じ目線で「熟慮と思考」に頼り歴史学を学ぶことにしたい。

「島原の乱」は島原(旧有馬)の原城に籠城した叛乱軍の戦いであり、それはその島原で終結した。天草で起きたのは一揆騒動であり、叛乱という規模ではない。従って島原の乱は島原の原城の所在地であるからそれでよく、天草とは島原の地域と区別できればよい地方の地名である。著名な学者の神田千里《かんだちさと》氏も「島原の乱」とされているから敬意を表したい。

「益田四郎時貞《ますだしろうときさだ》」を実父の益田甚兵衛好次《ますだじんべえよしつぐ》が、自らの子の名前として名乗っているから歴史学上は「天草四郎時貞」ではなく「益田四郎時貞」であり、それで充分であるという立場を取る。ここで天草の名称を使用する日本史の学術性は低いと判断する。恐らく郷土史の英雄として天草地区の意見が色濃く残ったものとみる。当然、個別に名前を付けようと、どんな呼称に致そうと全くの自由であることは断るまでもない。

四郎の父親は益田甚兵衛好次とする見識が正しいかどうかはわからないが、この名を取る学者は多い。異論のある読者も今日は譲って頂きたい。そして、この島原の乱は寛永十四年（一六三七）十月二十五日から寛永十五年（一六三八）二月十一日まで続いた（およそ四か月）籠城戦である。ここは面倒であるが読者も年号と原城の場所は覚えておきたい。西暦でも和暦でもよい。そして時の将軍は三代将軍徳川家光《とくがわいえみつ》である。近世江戸時代に起きた徳川政権史上、他に類を見ない最も大きな合戦である。

次にその戦いの規模を見る。これは単なる「乱」と言うよりも規模は大きく、益田四郎時貞の率いる一揆叛乱が三万七千人である。一方の幕軍は〝知恵伊豆《ちえいず》〟と呼ばれた幕閣の切れ者、老中松平信綱《まつだいらのぶつな》率いる幕軍一二万人と記録にある。西国大名を中心にして十四の大名武将を並べた。天下分け目の合戦と言われた関ヶ原の戦いほどでもないが、どれほどの規模であったか簡単に比較してみよう。

あの武田信玄《たけだしんげん》と上杉謙信《うえすぎけんしん》の戦いで有名な川中島《かわなかじま》の合戦が総勢三万三千人、蒙古襲来《もうこしゅうらい》元寇《げんこう》（文永・弘安の役）が三万〜四万人、二代将軍徳川秀忠《とくがわひでただ》と真田《さなだ》一族との信州《しんしゅう》合戦は総勢三万八千人、天下分け目の合戦といわれたあの関ヶ原の合戦でも西軍（豊臣方）約八万人、東軍（徳川方）七万四千人の総勢一六万人（諸説あり）という規模である。多少の違いはあるかもしれないが島原の乱は総勢数えて一六万人という規模であるから、どれほどの戦いであったかは知っておかれたい。叛乱と言われる規模をはるかに超えていよう。ここは年代、将軍の名前（家光）、徳川幕府の幕藩体制が固まりつつある江戸時代初期の大事件であったことはしっかりと押さえ、読者と共有の知識としたい。なおここでは概説にとどめ、この呼び名が多い関連文書については誤釈を招きやすい現実を頻出させているから、第四章に於いて具体的に解説を加える（本書二〇六頁）。

第二節　イベリア半島の世界戦略

ここから先は少し面倒なところが多い。年号を覚えなくてもよいから気楽に流し読みしよう。然し、世界史の時代の潮流は理解しないと、何故に日本にキリスト教が上陸してきたかが全くわからない。当然筆者もカタカナは苦手であるから知識は薄い。幸い高名な学者の高瀬弘一郎《たかせこういちろう》氏の著書に『キリシタンの世紀　ザビエル渡日から「鎖国」まで』(岩波書店)という詳しい本がある。

その高瀬氏の本を底本《ていほん》として、この時代のイベリア半島とローマの事情を学ぶこととしよう。ところで底本（そこぼんとも読む）の意味について、『国史大辞典』から理解を得よう。筆者もわかっているようで正しくは説明できない用語も多い。

「底本とは典籍を校訂するとき、より内容のすぐれた特定の伝本を選び、それを土台基礎にして異同を検討するための参考本のことであり、誰のどんな本を文献として、研究するかは大きく結果に影響を与える」。

詳しい定義はこのあたりでよく、これで不都合はないと思うが基本書がないと理解の軸が右に左に揺れてしまい着地が定まらない。全く着地を予想しない研究は結論と方向の先が見えず、仮説を立ててそれを実証することが困難になる。その結果、自己満足やオタク学問になり易い。筆者はこの本の基本となるべきことを正しく理解するために、ここでは高瀬弘一郎氏の本を底本に選び、読者と共に理解を深めるために知識を得よう。

次に近世日本史の中で、カトリック教会のイエズス会の布教活動を記《しる》すも、あくまで、読者と筆者が、日本史の理解に役立たせるために作成するものである。従って歴史専門学者の方々には、不要な記載もあることをお許し頂きたい。

和暦	西暦	概略
天文一八	一五四九	八月、アンジローの案内で薩摩鹿児島の坊津にザビエル、トルレス上陸。
天文二〇	一五五一	*ザビエル失意で離日、日本滞在期間二年三か月、インドに向かう。そのとき日本人キリシタン（薩摩人）四人同行、名前はベルナルド、マテイオ、「ジュアン」、アントニオ。

天文二六	一五五七	八月、西洋医学の医師アルメイダ、豊後に日本最初の小児病院を作る、貿易商として早くも初来日。ザビエルから三年遅れ。
永禄　五	一五六二	＊有馬義貞　有馬の口之津に開港。やがてこの地から一揆軍が蜂起する。
永禄　六	一五六三	アルメイダ、有馬の口之津で布教、最初の教会を建てる。フロイス日本に上陸。口之津の沖に大砲付きのポルトガル船が浮かぶことになることを覚えよう。
	同年	大村純忠　日本人最初のキリシタン大名となる。
永禄一二	一五六九	フロイスとロレンソ、信長の前で日乗上人（日蓮僧）と宗論、日乗負け自害。信長のキリスト教贔屓《ひいき》が影響という噂もある。
元亀　元	一五七〇	フロイス、信長と会見。
天正　四	一五七六	有馬義貞、口之津にて家臣三〇人と共に受洗を受ける。
天正　九	一五八一	ヴァリアーノ（巡察師）、京都で信長と会見。
天正一〇	一五八二	＊本能寺の変　信長　明智光秀に暗殺される。ここで不思議、フロイスは、光秀は家康を殺すはずだったと『日本史』に書いて、本国ポルトガルに報告している。どうしてフロイスが知るべき案件か。ここで一級文献の『日本史』に疑念を持つ。
	同年	太閤検地開始する。
天正一四	一五八六	コエリョ（準管区長）、フロイス、大坂城にて秀吉に会見。

天正一五	一五八七	七月、秀吉、伴天連追放令を発す。
天正一六	一五八八	太閤の刀狩り。
天正一九	一五九一	ヴァリアーノ、聚楽第で秀吉と会見。
文禄元	一五九二	天草のコレジョ（大神学校）から『どちりな・きりしたん』（ポルトガル語カトリック教会の教本）出る。
慶長元年	一五九六	フェリペ号事件、スペイン船土佐湾に漂着。
慶長二	一五九七	ルイス・フロイス、イエズス会修道院で死去。日本二六聖人の殉教。
慶長三	一五九八	*秀吉没。
慶長五	一六〇〇	*関ケ原の戦い。
慶長八	一六〇三	家康、江戸に幕府を開く。
慶長一一	一六〇六	日本人宣教師ハビアン（不干斎巴鼻庵）『妙貞問答』、『破提宇子』でキリシタン説法を崩す。
慶長一五	一六一〇	有馬直純、家康の曽孫娘、国姫を迎える。
慶長一七	一六一二	徳川家康は秀忠の名前で徳川幕府のキリスト教禁止令を発令。
	同年	有馬晴信　岡本大八事件に関わり刑死。嫡子有馬直純が家督を承継したが、家康の若年側近であり、キリシタン大名を辞める。宣教師追放、ここからキリシタン迫害が始まる。
慶長一九	一六一四	有馬直純、日向へ転封。島原は一時的に天領となる。在日外国人宣教師、高山右近　マカオ、マニラに追放される。
元和二	一六一六	七月、大和五条から移封の松倉重政、島原（四万三千石）に入部する。自らの禄高以上（十万石）の城を作った。自ら希望して入封した。ポ

		ルトガル貿易で蓄財信じ、ここをうまく乗り切れば、更に昇格できると判断。禁教令で誤算。
		二倍以上の年貢を取り立てた。おりから三年越しの冷害で未納拡大。取り立て弾圧で領民の不満爆発の原因となり、ここに下層領民の一揆が蜂起（全員ではない）。本書のテーマがここで起きた。ここらあたりはしっかり覚えよう。
	同年	＊家康没。
寛永元年	一六二四	スペイン船渡航禁止令。
寛永一〇	一六三三	鎖国令。（注）鎖国令という法令はない。鎖国元和二年から始まる色々な禁止令の数回分を纏めて鎖国令と称するが、オランダは長崎出島を通して交易を認めた。誤解されるため注意。中国なども、年数回限定入港を許された。外国情報は取れていた。ここもサラッと押さえる。
寛永一四	一六三七	十月二十五日、口之津から、島原の乱勃発。島原の松倉勝家（重政の継承者）のもとで農民蜂起。新築の島原城を攻撃。
寛永一五	一六三八	島原・天草一揆軍は原城（島原半島に以前あった有馬の古い城）に籠城する。二月二十八日、陥落す。およそ四か月の合戦。
寛永一六	一六三九	ポルトガル船渡航禁止令。

（年表はここで終了するが、これくらい理解できると日本史は面白い）

＊この年表を活用しながら、ポイント用語を理解する。

●「デマルカシオン（境界線又は区分の意）」

この用語を知る人には敬意をはらう。筆者においては初耳学でアウトである。カタカナは馴染めていない。

読者にはまずイベリア半島と地中海、イタリアを想像して頂きたい。筆者も一度あの景色を写真に収めたことがある。とにかく海と空のコントラストがいい。ここで言葉にしてもその素晴らしさは伝わらないであろう。文化的で初期の世界をコントロール下に置いた、先進諸国家が威勢よく並んだことは何となく理解できた。ルネッサンス様式の建物は、日本の誇る各地のお城とは又違った趣《おもむき》がある。三〇年も前の話であるが、完全にお上りさん状態で訪欧したことは今でもよく覚えている。

話がそれてしまったから戻そう。一五世紀後半から一六世紀のイベリア半島にはポルトガルとスペインの二国の国王が海洋王国の覇権を競っていた。そしてイタリア半島にはローマ法王を（バチカン市国カトリック本山）置いてキリスト教の本拠地としていた。

この周囲にはイギリス、オランダ、フランスという先進の強国が存在していたことは知っておきたい。

当時の世界では、キリスト教とイスラム教が支配権をめぐって覇権を競っていた。キリスト教は紀元一世紀、イスラム教は紀元七世紀あたりに信ずる神の在り方の違いに、共存を見いだせず抗争が絶え間なく起こった。キリスト教もイスラム教もユダヤ教に起源を持つ、いわば兄弟宗教であることはよく知られた話であろう。特にこの時代のイベリア半島は特筆するような動きを伝える文献も多いが、異国の宗教事情には暗い筆者が語れるところはない。キリスト教はやがて宗教の法威をイタリアに置き、その宗教をバックにして市場を拡大し、その地域をイベリアの二国で分けあった。地球儀を眺めながら国王たちは世界を二分して、一方をスペイン、他の一方をポルトガルがキリスト教を布教することで、貿易による富を蓄えた。この世界を二分する合議行為を「デマルカシオン」という。

それではどこから地球儀を眺めながら二分したかは、高瀬本に見よう。

「大西洋上のウェルデ岬諸島の西三七〇レーグワ（距離の単位）のところの罫線をもっ

て境界線とし、東をポルトガル支配地、西をスペイン支配地と定めた、『トルデシーリャス条約』により境界線が確定した」とある。

無論、この行為はポルトガルとスペイン以外の国王の認知するところではない。この事実を世界史上では「大航海時代とキリスト教の布教保護権の政策」と書いているらしい。筆者も不得意であるからこんな粗末な表現になっている。

●ローマ法王とスペイン、ポルトガルのトリプルタッグ戦略

貿易とは如何にも相互的に恩恵をもた

ヨーロッパ最西端にあるイベリア半島。西は大西洋、東は地中海に面し、貿易をするには最適のローケーションといえる。

らす言葉を予想するが、往時の貿易は新大陸（主に南北アメリカやインド、アフリカ）から胡椒《こしょう》、ニッキ、薬草、絹、金、銀、銅の鉱物あたりを強く求めてヨーロッパに持ち帰って高値で売り、国王たちは栄える一方であった。それはまさにローマ法王、スペイン、ポルトガルのトリプルタッグが企《くわだ》てた地球市場の山分け作戦ともいうべきものであった。

簡単に説明しよう。イベリア半島にスペインとポルトガルという国家があった。半島を所領に持っていたから他国よりも先駆けて海洋事情に詳しく、海洋上に新大陸と市場を求め、ローマ法王よりキリスト教の布教を助けることで貿易を独占しあうことを容認しあったということである。つまり、キリスト教の世界布教戦略とイベリア半島の二国の国王の利害を一致させ、互いの貿易先を二分することによって、貿易の利益を独占したという世界歴史上の事実である。この考え方に異論をされる識者もおられようが、ここは日本史の舞台である。入り口の説明はこれくらいで、これ以上の知識は日本史学として今は不要であろう。

筆者はこの賢い事実を批難する立場でもないし、歴史上の事実としての知識でしかない。現実にどこに境界線があったかも理解していない。だがこのイベリア半島の事情がキリスト教を日本に上陸させることになる。これがイベリア半島のふたつの列強国の世界戦略であり、欧州の他の強国であるイギリス、オランダ、フランスなどの周辺の国もそれなりに恩恵に与かった。往時の欧州諸国は、欧州以外の土地には文化も経済も遅れた弱小民族しかいないと思っていたのであろう。但し、中国はそれなりの評価はされていたらしいが、日本はその存在も怪しかったのではないか。それとも中国大陸の一部くらいの理解であったかもしれない（隣国の中国には唐の時代にキリスト教上陸）。

もっとも正しい知識かどうかは知らないが、この「トリデシーリャス条約」には足利政権はポルトガル領の市場とされていたらしい。それはザビエル上陸後の情報かもしれないが、ポルトガルが黄金の国ジパングに野心を持っていたことは記憶においておこう。どちらにしても日本に対して、充分な知識と情報は持っていなかった。

長く難解な話が続いたから、豆知識で頭を休めてもらおう。当時の先進国のイベリア貴族たちの言う「印度」とは地中海より東のエリアを全てインドと呼んでいたらしい。それくらいの区分で差し支えなかったようである。どちらにしても最初に日本に上陸したのはキリスト教カトリック教会のイエズス会に所属する神父たちである。次節では日本に上陸した最初のカトリック宣教師フランシスコ・ザビエルを紹介する。

第三節　イエズス会の鉄人（哲人ではない）フランシスコ・ザビエルを知ろう

ここらあたりは年号も思考もいらない。時代の流れを摑《つか》んでおけばよく、ヨーロッパの風景を想像できればそれでよい。

●フランシスコ・デ・ザビエル

スペイン生まれのカトリック教会の司祭、宣教師。イエズス会創設メンバー七人のひとり（一五〇六～一五五二）。明国にて没。

○ついでに知ろう、イエズス会のこと。

天文三年（一五三四）にロヨラやザビエルたちによって結成されたキリスト教カトリ

ック教会の独身男子修道会をいう。カトリック教会は戦闘によってその立場を得た集団であり、強固な兵士の経験者が多く、事実、体力的にもスーパーマンであったらしい。気力、体力の続く限り世界にキリスト教を布教することを使命、天命と思う人たちの集団であったと記述に残る。

前節でも紹介したが印度方面は全てインドであった。わかったようなわからない話であるが、ここではそれで充分であろう。インドの西南部ゴアという地区に東インド会社があった。東インド会社とは簡略して言えば、大航海主義を標榜するスペインやポルトガルの活躍に、オランダ、イギリス、フランスなどの国王、貴族たちが羨望《せんぼう》の眼差《まなざし》で眺めているだけでは飽き足らず、資本を投下して、会社を設立したもので、配当を要求した（イギリス東インド会社、オランダ東インド会社、フランス東インド会社など）。資本の回収もあるが、それよりも新大陸での欧州人の活躍とか、初耳学を聞きながら、美女をはべらし、貴族のワインパーテイを盛り上げた。だから資本は絶え間なく注がれて、東インド会社があれば当然に西インド会社もある。儲かれば何でもよい。言うなれば国王や貴族たちの資本による総合商社である。奴隷も立派な商品であったらしい。

○ゴアで知り合った得体のしれぬアンジロー（ヤジロウ）。
得体のしれぬとは適切な表現ではないかもしれないが、一般の読者にしてみればさほど馴染みのある人物ではないと思うが如何であろう。ザビエルが日本上陸を目指す大きな影響を与えた薩摩の貿易商人である。

ザビエルは本国のイエズス会の方針通り、まず大国の支配者に狙いを定め、トリクルダウンでインドよりも東方のエリア開拓をしようと考えていた。イエズス会は極東の漢字文化のエリアの存在は充分に理解していたようであるから、東南アジア諸国に対する戦略はできていたのである。このインド西方のゴアという地域は東インド会社の貿易成功地区であり、布教も貿易を付随して成功を収めていたとの評価は欧州では認識されていた。ここで世界史の中の日本史の一部として薩摩の貿易商人がインドまで出張して、交易をしていたという事実を、きちんと覚えておいて頂きたい。それは薩摩に始まり日本の西国大名の情報収集能力があったということに他ならない。ここらあたりが時の日本の為政者たちよりも情報的には遅れていなかったことが、やがて徳川幕藩体制を揺るがす遠因になりかねなかったことを日本史の概略として知っておきたい。

当初、ザビエルは中国に布教戦略を定め置き、同じ漢字文化である韓国、日本はそこから波状的に拡大すればよいとの思惑であった。ところがアンジローに出会い、中国よりも日本の方がキリスト教文化を布教するにはよいという情報を入手した。何をもってそのような話の流れになったか定かではないが、中国は大国であり国家体制と思想が確立されていたため、異文化の様式に対して大きな違和感を持つ。孔孟思想が基盤として確立していたということであろう。中国ではそれに関わる「典礼事件《てんれいじけん》」もあったが、日本の歴史に戻ることにしよう。

とにかく鉄人ザビエルは大望を抱いて、ジャパニーズ、アンジローのガイドと通訳で鹿児島は薩摩半島の坊津《ぼうのつ》に上陸した。天文十八年（一五四九）（日本では足利政権、室町時代）のことである。坊津港での貿易商業は往時としては博多港と並ぶ規模のようだ。ここでも西国の大名たちは他の本州エリアの商業を凌いでいたことは確認できる。ここで少し寄り道をして豆知識を提供する。

☆博多の商人「宗金《そうきん》その倅《せがれ》、新九郎《しんくろう》」

この名前を御存じの読者は博識である。かなりの専門学者でも捉えていない。そこで九州大陸という土地柄を理解して頂き、少しだけ学者気分になろう。そして後節になるが、九州大陸には京都の国王（天皇）と並ぶ国王がいたという壮大な話に辿り着く第一歩となる歴史学の入り口であるから、楽しく本書を眺めてもらいたい。

日本史の中世と言えば、平安、鎌倉、室町幕府の時代をさす。その時に大坂堺港に中国、朝鮮、安南《あんなん》（ベトナム）、ルソン（フィリピン）、カンボジアとの海外貿易で蓄財をなした有名な商人は沢山いる。とりわけ千利休、今井宗久の名は知らない人はいないくらい有名である。まだ他にもあろうが、ここでは、ふたりほど押さえておくことにしよう。

この堺の商人たちはやんごとなき京都の天皇、貴族、そして、幕府の要人たちから依頼を受けて海外貿易で儲けをなしていた。ところが表面は日明貿易を自ら堺商人が、渡海致していたが如く歴史上は語られているが、実は上方堺からの発注は博多にいる実力派商人の宗金、新九郎親子を経由して商いをしていたということがわかってきた。最近、筆者に近い著名な学者が韓国に渡り、『朝鮮王朝実録《ちょうせんおうちょうじつろく》』などを調査してこられ、この事実が判明した。この王朝実録には往時の面談記録と天候、時間、滞在日数、所要案件、そして渡海してきた商人の名前が克明に記されてあると解説された。朝鮮王朝発行の割符を所有している者以外は、明国の皇帝や幹部を紹介出来ない仕組みになっていたとあったらしい。中国のエンペラーは一般の外国人に直接、面識を持つことはなく、朝鮮経由の紹介状を持参する者しか相手にしなかった。日本でも歴代天皇がやたらに開帳して、姿を見せるという話は聞かれないから、これも当然の話であろう。ここらあたりが日本の歴史にあまり採用されていない。明国の皇帝の姿は映画の「ラストエンペラー」で、西太后が厳《おごそ》かな空気を醸し出す演出がされていた。正確な時代考証があったものとみる。

全ての堺商人の貿易が宗金、新九郎親子の経由であったと記されているわけではないが、そんな時代もあったようである。その当時の博多港は堺と同じくらいの規模の商いをしていたらしく、豊臣秀吉が九州征伐に来たときには大変驚愕《きょうがく》、そして満足をしたという話が残る。なおその後、朝鮮王朝の割符を持参した博多の商人の記載はないというから、一時的な現象事であったかもしれない。

何故、筆者がここに豆知識を読者の皆さんに紹介をしたかというと、中世の時代には日本人が想像を超えた規模で、外国や商人たちと接触をはかり、交易をしていたという歴史上の事実を確認して頂きたかったことに他ならない。

この流れからすると、東インド会社経由でキリスト教も、神父も布教のために日本に渡来してきても何らおかしくはないということであろう。カトリック教会はイエズス会が実力も人材も充分であった。ザビエルは七鉄人のひとりとして、東アジアのインド経由で来日しただけのことでしかない。いつかはいずれかの大神父がイエス・キリストの十字架像と聖書を持って、日本のどこかの港に現れたであろうと想像するのが時代の流れであった。その神父たちの橋渡しはアンジローであったことは先に見た。

粗《そ》としたものであるが、ここからはキリスト教を知るうえに於いての基礎知識を学ぶことにする。

★カトリックとプロテスタント

他派の信徒の方には大変失礼であるとは思うが、詳細を語るほどの知識がないから、ここではこの二派について違いの大枠を説明する。この記述の在り方では大いにご不満の方もあろうが、ご容赦頂き書き入れることにする。

＊カトリック

①　階層順位

神↓教会↓聖書↓信者

②　指導様式

カトリックの教会は聖書を正典（信者が従うべき基準）とした場所であり、聖書より権威のあるところという考え方であり、統制された布教をする人的要素が入る。

③　章票　イエス・キリストと十字架。

④　司祭役　神父（各位の層が厳格にある）。

⑤　現在の信徒数　およそ一一億人（あくまで推定数）。

＊プロテスタント

①　階層順位

神↓聖書↓教会↓信者

②　指導様式
聖書は神の言葉なので、神の次に権威があり、従わなければいけないという考え方をする。

③　章票　十字架のみ。

④　司祭役　牧師。

⑤　現在の信徒数　およそ三億五千人（あくまで推定数）。

第四節　ザビエルとフロイスの上陸後の布教の活動を見る

日本における宣教師のザビエルとフロイスをこれより更に紙面を割いて紹介しなければならない。

イエズス会は一説によると日本との交易関係が鎖国状態になるまでに大勢の神父たちを送り込んだと言われるが、その辺の人数の詳細は知らない。然し、ザビエルとフロイスはキリタン史でも日本史に於いても、大変な役割を果たしてきたため、ここでいま少し詳しく続ける。

まず、おさらいをする。

●ザビエルについて

① 天文十八年(一五四九)四月十五日　ザビエルはトルレス、アンジローたちと一緒に薩摩は坊津の港に上陸したことは既に案内した。そこで彼らの布教活動の第一歩を記す。早速、約百人の日本人を改宗させたとある。仏教とキリスト教の共通点を見出し、見通しはよいと思ったであろう。この百人の民衆が即座に、キリスト教へ改宗したという見解には、筆者は即座には同意し難い一面がある。

文書がないから仮説を立ててみる。案内人はアンジロー。

筆者は残念ながら往時の薩摩事情を知らない。従ってあくまで想像の範囲ではあるが、それでも、やはりそれなりに考察してみよう。読者も同じ目線で考えて欲しい。

日本に上陸して布教をし始めたことはそれでよい。アンジローとザビエルとトルレス。外国人の神父と貿易商人。当時の薩摩の民衆も彫りの深い宣教師の姿は殆どの人が初見であったであろう。アンジローは日本語で案内するだろうが、残りのふたりは宣教師姿（伴天連）。よく写真で見られるスタイルの装束であったとしたら、物珍しさもあって百人くらいの群衆は集めたかもしれないが、先祖代々から受け継いだ日本宗を棄教して、どれだけの白人と接触してどんな話でイエス・キリストの姿に憧れようか。甚だ疑問を抱くのは筆者の洞察力の不足であろうか。

神田千里氏の『「島原の乱」キリシタン信仰と武装蜂起』（一一三頁　中公新書）に初心者にもわかり易い文例があるから引用しよう。

「医療もまた、キリシタン信者を獲得していく上で絶大な効果を発揮した。宣教師たちは日本にある薬品とヨーロッパにある薬品の最良のものを携帯し、信者に投与したが、最も一般的に行われたのは聖水を用いた呪術《じゅじゅつ》的医療《いりょう》であった」。この聖水はスーパードリンクであったようで安産や他の諸病にも効いたのであろう。このような記述は他の文献にも見た。やたらの想像で恐縮であるが、一般的には警戒して伴天連神父に近寄らないのではと思うがどうであろう。興味本位で寄る人もないとは言えないが、それよりも食い物を与えた可能性の方がわかり易く思える。とにかく、キリスト教の神父は優しく接したのであろうが、見慣れない外国人を相手にして、即座に入信するものであろうか。筆者はここでも洞察力が働かない。民衆の誰かが食に事を欠き神父の前に並んで握り飯を貰えば、翌日は村中の群衆が飢えを満たすために全員が並ぶ。そこに並んだその人数が百人ではなかったのか。それとも薩摩の民衆はよほど外人慣れをしていたのかとも想像する。

「仏教は坊主が、経を唱える度にお布施を要する（場所によっては無料もありか）。墓の御先祖も金が必要。神道も御祓《はらい》をすれば祈禱料を要する（一般論）。他方神父は色々物を与え悩みも聞いてくれる」。さりとて、一般民衆が駆け込んで初お目見の舶来宗教に改宗するものであろうかと俄に信じ難い。

こんな話がある。薩摩には「隠《かく》れ念仏《ねんぶつ》」といった一向宗門徒がいるという伝承がある。それらの一向宗門徒は拷問を受けても念仏をやめなかったらしい。それほどの日本宗愛がある地域の信者が、握り飯くらいで外国宗にさらりと靡《なび》くであろうかと疑念に思うが、読者の皆さんは如何に思われようか。いきなりザビエルの獲得実績に異論を挟んだが、筆者はザビエル、トルレスもアンジローにも会ったことがないから真実はわからない。読者の判断にお任せするが重要なところである。熟慮されたい。

上陸後のザビエル一行の経路を辿ることにしよう。

① 天文二十五年（一五五一）一月　平戸（現在の長崎県平戸市）で最初の教会が出来る（山口県山口サビエル記念聖堂ではない）。

ザビエルは薩摩を離れて、平戸に向かい日本最初の教会を眺めステンドグラスに輝くイエスとクルスに布教を誓う。

鹿児島で幸先よい感触を得て、作戦通り京に上り最高権力者の後奈良天皇に謁見を申し出る。

② 然し、許可が得られず。京の都の戦乱と廃墟と化した町並みに失望し、周防の山口に戻る。なれど、鉄人ザビエルは同年三月からの半年間で五百人を一向宗門徒から改宗させたとある。ザビエル神父、絶好調。

③　天文二十年九月　ポルトガル船が豊後（大分）に入港するという情報を得て、豊後に渡る。何故、豊後の入船情報が大内義明から入ったかということであるが、大内家と豊後大友家は縁戚関係であったことと、瀬戸内海では山口の近くの良港都市は豊後港であった。ここらあたりの書きようはちょっとした中世の九州に於ける地政学知識である。この件についてはキリシタン大名「大友宗麟」のところで詳しく紹介する。

ザビエルはここから乗船してインドに帰った。日本よりもインドの方が自分を必要としていると言葉を残して、さようならジャパンである。実はこの後、ザビエルは漢字文化の本家である中国を完全制覇に布教すれば、日本はいつでも処せると言っていたと記録にも残る。完璧な男の挫折であるザビエルの在日期間は二年三か月であった。

この時代背景は理解しよう。一六世紀の中頃のことである。ここでは暗記は不要とする。

④　一七世紀、往時の日本に於ける布教活動の顕著な地区は九州西南部、豊後、豊前筑後、美濃、尾張、会津、伊達、南部と出羽であった。これは日本全国いきなりの展開と言える。（『日本キリシタン史の研究』　五野井隆史　吉川弘文館史料参考）。

⑤　切支丹信徒の数（松田毅一氏の文書より）

正確な人数はわからない『日本キリシタン史の研究』（五野井隆史　吉川弘文館史料参考）。

全国で永禄八年（一五六五）、約「一万人」であった信者が元禄元年（一五七〇）にはおよそ「三万人」、五年間で三倍に増加している。

慶長十九年（一六一四年・徳川幕府の禁教令が執行される）には全国で三七万人と記録されている。

ザビエル上陸（天文十八年・一五四九）以後、六五年の経過でこの結果を読者は多いと見るか又、少ないと判断するかは意見の分かれるところであろうが、それは読者の判断に任せよう。少ないと思う人は、頑張れイエスの応援コールだけでよいが、多いと見る読者には、何故に日本人は、何ら抵抗なく他国からの渡来の新教を許容できるのかということを深く考える必要があるかもしれない。

唯一神教のキリスト教の信徒になるということは、日本固有の神仏、八百万《やおよろず》の神の存在を否定することでもある。しかし近世初期に於ける日本宗のあった形は、神仏融合

（山岳密教や自然崇拝信仰を含む）の状態である。いわば多数教状態であったことを知らなければならない。そこに「唯一神教」のキリスト教が上陸してきたということをはっきりと認識することが重要。この筆者の物言いは誤解を招きかねないから、一言付け加えなければいけない。キリスト教が唯一神教であることを批難する意図は全くない。されども、この事実を知らないとこれ以降の解説を正しく理解できない。なおキリスト教信者数の算出に関するところはルイス・フロイス（五五頁）で詳しくする。

日本には元々《もともと》、農業に生活の基本を置き、大自然、超自然に対する驚異と恵まれた恩恵に畏敬《いけい》の念を払いながら農耕民族として共同生活を基本に、大和《やまと》の民族《みんぞく》国家が形成されてきた。そこに神々の神話が語られてきた神代《かみよ》の族の中に「天皇族」の影を見出し、この段階で日本国の国体が明確になる。そこに大陸から仏教、儒教が輸入され、神仏が融合されて日本国の超エリートを遣隋使、遣唐使として派遣した理念と知識の輸入であり、仏教は日本国の超エリートを遣隋使、遣唐使として派遣した理念と知識の輸入であり、思想的に侵略されたわけではないことを知りおくことである。大陸文化が日本人と日本国家に大きく貢献したことは全くの事実である。そして仏教は日本国では多数の宗教のひとつとして共存してきた。近時の先進国と言われる国としては、あまり見られない現象ではある。ここに、唯一神教のキリスト教が上陸してきて、既存の日本宗と対立の構造となったことを基礎として理解しなければならない。

☆ここで豆知識ではあるが重要な認識すべき事項がある。

日本の宗教の特色を評価するときに「儒・仏・神の三教」という表現が使われることは案外多い。しかしこれは正しい表現・考察ではない。

儒・仏・神の順序はどうでもよい。順位なんか全くない。然し、その思想の実態が大きく異なる。その違いを筆者の見解で見せよう。

●思想哲学と実学の違い（この区別が順位を表すものではないことは前置く）。

•神道も仏教もキリスト教も前世と来世を主に語り、その生き様と行いがどうであったかが重要な要素となる。そしてその流れは後に続く。

•前世の行いがよろしくないと、「親の行いが子供に移る」というような所謂《いわゆる》、「親の因《いん》果《が》が子に報《むく》い」といった過去の行動について責め苦がある。

・それを除去するには、それを実行する宗教思想の指導者（神官・僧侶・祭司）の存在がある。

・未来や来世についても同様な宗教・哲学が強くある。

●これに対して儒教・儒学は現世を語る。

・儒教・儒学は現世の思想や行動を基本として、その個人に対して指導する。この指導という一面に宗教色が幾分、脚色される場合はあるから宗教ではないかという概念はあるが、儒教・儒学は宗教ではない。儒教は儒学の延長線にあるが宗徒信者を持つ宗派ではない学問である。

・神・仏・キリスト教には絶対的存在・神聖があるが、儒教にはそれがない。

・神道……………神話に起因する神。例えば「天照大御神《あまてらすおおみかみ》」をはじめとする神々」

・仏教……………「釈迦《しゃか》」・「弥勒菩薩《みろくぼさつ》」「阿弥陀如来《あみだにょらい》」

・キリスト教…「デウス」・「イエス・キリスト」・「マリア」

●これに対して儒教は「孔子・孟子」の学問知識を基本に高弟たちが教えるが、絶対的なものではない。思想・行動・善悪の基準は示すが、それは単なる宗旨の違いであり強制も強要もない。孔子・孟子のもとを去る人は珍しくなく、異説は幾らでもある。
●神・仏・キリスト教は個人に厳しい戒律と修行を求め、聖人になることを理想とするが、儒教・儒学は倫理・規範・常識を身に付けることは求めるが、それが出来なくても罰則・呪い・お祓いもない。異常な行動と思想が異端児として、敬遠されるに過ぎない。
●儒教・儒学は現世を基準に考える。
前世も来世も体現できないことは対象外である。今どうするべきか、どうあるべきか論に終始する。筆者はここで一文加筆せねばならない思いに至った。

神社本庁のホームページに神道は現世を否定していないとのことで異論ありという意見があるかもしれないから整理しよう。
＊神道、仏道は宗教法人である。他方、儒教は学問であって宗教法人に該当しない。しかし他国では宗教として確立するところもあるが、日本国では現在は宗教として公認されていないし、法的保護もない。

＊宗教法人となると納税の対象にならないが、国家からの資金援助はない。

従って祈祷・祈願・厄病お祓いや霊恨呪詛《れいこんじゅそ》、お払いなどをして祈祷料を見込む。加えておみくじ・お守りの販売で収入を計らないと体制が維持できない。そのために参拝者の苦しみ、悩みを本人にかわり礼拝して共に神々のご利益《りやく》のあることを願う。これは仏教とて同じことで読経・説法葬儀・法事でのお布施を見込む。これは至極まともな話であって仏教は檀家を頼り、神道は氏子と賽銭に頼る。これは宗教として生身の人間に関わっているからであり、それはキリスト教でもイスラム教でも皆同じことでの信者の悩みや迷いに関わることは至極あたりまえのことであろう。これはひとつの維持手段であって現世を語る宗教論の証ということの説明にはならない。次元の違う話である。

＊仏教は教義・経典を持つ。他教の聖書・コーランの相当する指導要綱。これに対して神道は教義・経典は持たない。神道は何故、教義・経典がなかったのか。キリスト教やイスラム教、仏教は国家、人種を跨いだ世界宗教であるが、神道は日本独自の民族宗教である。人種も国土も狭く教義・経典を必要としなかったのであろう。日本は古来、伝承として太安万侶《おおのやすまろ》、稗田阿礼《ひえだのあれ》に命じてきた。これが世界宗教となれば民族感性も違い、

神の教え教義・経典に託して統一しないと解釈が異なりそれぞれの民族になじまない。また、神道には超自然を敬う山岳密教などと、天皇、皇族を尊ぶ伊勢神道と全国各地に所縁《ゆかり》のある吉田神道が主体であり、その流れは宮内庁の神社本庁で姿をまとめている。従って神社本庁は神社の代表で、全国の神社と同じ宗教法人である。それが何故宮内庁にあるのかは筆者の語ることではない。

再び断りおくがここでの豆知識の紹介は各宗教の大小や上下を解説することでなく、日本国家の思想史に拘り合う宗教の本質に触れるものであり、儒・仏・神の三宗教といった論調で語るべきでないと思う。これが筆者の管見としたならば関係者の諸氏にはしっかりとお詫びしておきたい。

具体例でわかり易く説明しよう。
儒教・儒学では例えば、子連れの親子が、空腹で生き倒れ寸前。
地蔵さんの前に立ち寄ったときにお供え物のおにぎりが目に入った。
親はそのおにぎりをひとつ取り、子供の飢えを凌いだ。儒学ではこの親の行為は親の

「義務」として「此の飢え」から子供の一命を救ったことは責められない。然しこの行為を正当化（窃盗も生きるために致し方ない）して、連続することは宜しくないことを思いつつ、本人が承知して、子供のために緊急避難的な行為をした。

その社会の温情に感謝して精進すれば、咎《とが》めを許されるという自分に対する倫理・規範であり、誰かによる刑罰や罰則ではない。

儒教・儒学は前世・来世に於いては、あの世で賞罰を付与されるか否かを現世の人間が語る対象として馴染まない。儒教・儒学はひとりで学ぶことが出来るし、必ずしも集団の力を必要としない。さらに詳しく、必要ならば別して文献・教本を紹介する。異論も頂きたい。不充分な説明で不足の場合は揖斐高氏の新書『江戸幕府と儒学者—林羅山・鵞峰・鳳岡三代の闘い』（中公新書）を紹介しておくことにする。

☆ついでの話に豆知識をもうひとつ。

昔の街道に取り残しの柿が描かれている屛風・掛け軸を見る。この柿は街道を行く空腹の旅人の行き倒れを憐れんで好きに食べてよい「お情《なさ》け柿《かき》」である。その中に野鳥の食べる分は残して完食は許されないという落語の人情話のひとつでもある。

●ルイス・フロイスについて

ルイス・フロイスは日本キリシタン史の中で、ザビエルを凌ぐ活躍をした宣教師であ

ろうと筆者は捉えている。取り敢えず出自を並べてみよう。

○イエズス会宣教師ルイス・フロイス。ポルトガル人（天文元～慶長二年・一五三二～

一五九七）。

一六歳でイエズス会に入いる。インドのゴアでフランシスコ・ザビエルに学び、日本

の事情を聞き、永禄六年（一五六三・室町幕府）、日本への渡海を希望して上陸した。

本来、語学に堪能な人物であったことから、語学と文筆の才能を高く評価されて、各宣

教地から通信を扱う仕事に従事した。伝えられる如く、異国人のわりに日本語と日本人

に関心を持ち、特にその観察記録ともいうべき文書『完訳フロイス日本史』全一二巻

松田毅一・川崎桃太訳　中央公論新社）を書き残した。フロイスは慶長二年（一五九七）

五月二四日　長崎にて没。

このルイス・フロイスはイエズス会総司教から、内容があまりにもデフォルメされた

ものが多いため、虚偽な報告をやめて真面目にするようにとの忠告をされた。しかしポ

ルトガル情報通信網の読者や貴族から大変に好評であったため、そのまま継続させたというエピソードもあったと彼を紹介する日本文献も見た。

フロイスは織田信長に寵愛《ちょうあい》されて、更に日本通詞役となっていったが、キリシタン史の専門学者、そしてフロイスの研究については人後に落ちない松田毅一氏もフロイスの日本観察感性は大変に優れたものと評価するものの、他方でフロイスに確かな誤解もあったとその一面を指摘している。最もひどい誤解は、「日本の女性は皆、不謹慎で周辺の異性の誰とでも情交を重ねる、ふしだらな婦人が多い」と報告している(『フロイスの日本覚書　日本とヨーロッパの風習の違い』松田毅一／E・ヨリッセン共著　中公新書)。これは一夫一婦制の欧州や不倫を許さない敬謙なカトリック教徒の心情としては、日本人の習慣とモラルは理解出来ないことと憤慨したのであろう。然し、往時の武家社会では一夫多妻制が決まりというような劣な民族ということよりも、子孫を残すことが夫婦の役儀のひとつであった。そのためにも子なき女は嫁の里で引き取るべしというくらいの感情は当然のようにあった。十一代将軍徳川家斉《いえなり》も子宝に恵まれたがその努力もさせられ、一六人の妻妾と五三人の子供を持つことが出来た。これでお家安泰というシナリオであり、武将が後継者をつくるのは当然の心得でもあった。この事実だけを指摘すれば、往時の日本文化の一部は文化国家の望ましい体ではない。然し、それも少数民族国家の知恵であったと筆者はそんな風習を善行と捉えている。よしんばそれが日本文化の後進性であったとしても、信長の寵愛を受けていたことを自認するならば、小姓と君主の男色は充分承知していたはず。後の徳川政権に於ける「大奥」の存在を知ったらフロイスは卒倒するに違いない。ローマ法王庁も心当たりはあるところであり、日本の風俗も理解しないと布教に差し障りもあろう。最後は余計な付け足しになってしまったところはいけない。

更にフロイスには大変な誤報がある。それは彼の著書『日本史』にも書かれているが、そのまま本国のポルトガルに送信されている。

その一件を説明する。『完訳フロイスの日本史Ⅲ』（中央公論新社一四七頁八行目）

「それはすでにのべたように一五八二年六月二十日、水曜日のことだった。兵士たちはかような動きがいったい何のためであるか訝《いぶか》り始め、おそらく明智（光秀）は信長の命令に基づいて、その義弟である「三河の国王（家康）」を殺すつもりであろうと考えた。このようにして信長が都に来るといつも宿舎としており、すでに同所から仏僧を放逐して相当な邸宅となっていた本能寺と称する法華宗の一大寺院に到達すると、三千の兵をもって同寺院を完全に包囲してしまった」。

これはフェイクニュースかどうかわからないが、本国のポルトガルに送られたというこれも歴史学上の事実である。

ここから読者は熟慮を頂きたい。

★検証されるべき重要な問題

① 信長が「家康を暗殺する」という考えがあったことをどうしてフロイスが知り得ていたのか。

② フロイスが知り得ていたとしたなら、如何なるルートで流れた情報か。

③ 知り得た時期は何時《いつ》、誰から聞いたのか。

④ 何処からの情報であるとしても、日本史学上、本能寺の変の「信長暗殺《のぶながあんさつ》」の真実はわかっていないとされ、光秀の他にも色々取りざたされている。

⑤　ここで兵士たちが「かような動きがいったい何のため」とは、我が殿「明智《あけち》」が信長の命令を受け、秀吉を応援に毛利攻めに参加するために西方に馬群を向けるはずである。にも拘らず全く逆方向の本能寺に向かう如く、指示された行動のことを指している。この時点でも明智光秀の家臣たちは、主君の行動を理解し難く、全く意味不明の状態であった。

こんな話は日本史の上でも未だ判別されていない。しかし、これが全くのフェイクでないことを示す古文書が発見されてきたからまたややこしい。

読者の皆さんは次に紹介する古文書を熟読して欲しい。

これは本城惣右衛門《ほんじょうそうえもん》という明智の奉行（明智の家老斎藤利三《さいとうとしぞう》の家来）の文書である。

「あけちむほんいたし、のぶながさまニはらめさせ申し候時、ほんのう寺へ我らよりさきへはい入り候などいう人候ハバ、それハミなうそにて候ハん、と存候。（中略）山さきの方へとこころざし候へバ、おもいのほか、京へと申し候。我等ハ、其折りふし、いへやすさま御じょうらくにて候まま、いゑやすさまとばかり存候。ほんのう寺といふところもしり不申候（以下略・本城惣右衛門覚書より）」。

解釈しよう。

この一文は明智の家老の斎藤利三をして、その配下の奉行、本城惣右衛門に信長が間違いなく本能寺で就寝されているのを、確かめさせたものである。まもなくその者より間違いなしの合図を待ち、本能寺に夜襲をかけた。そのとき本城惣右衛門は同じ時期に上洛予定の徳川家康を討つはずであったのに、我らは本能寺の場所も知らないと残している一文である。

この古文書は現在、天理大学付属図書館に蔵されている(近世担当教授に所蔵の確認)。ここで問題点の一部は推量が付くが、それでも事実は判明せずその後、深く研究されていない。この本城惣右衛門は実在の人物。然し、日本でも判明していない事件が外国に流され、どんな解釈がされていたのか。フロイスの報告では日本人は常に刀を腰に帯しており、いつも戦闘の支度をしている戦争好きな民族であると紹介している。ルイス・フロイス「日本覚書」(松田毅一訳)。

これらの報告は全く嘘とも言えない。然し、日本史学としては信長が光秀に「家康を討てと指示していた」という情報をどうして、光秀とフロイスが共有することができたのかという疑問と、日本史の三代事件のひとつと言われる「本能寺の変」を日本の歴史学会で解読が進んでいないということの方が重大問題と思うがどうであろう。

筆者がこの本城惣右衛門の文書と情報を得てから既に三〇年くらい経過している。日本史学として読者と共に考えたい。くどい物言いであるが信長が明智により本能寺で暗殺されたということは事実である。なれども、それは明智本人の望むところであったか、または誰かの陰謀への加担か。ことの事実は簡単にはわからないが、こんなビッグな事件が放置状態にされているにも拘らず、ルイス・フロイスは自らの手で外電していると いうことである。ここでも日本史は彷徨っている。

フロイスはイエズス会の宣教師としては、信長に一八回の拝謁（『日本キリシタン史の研究』　五野井隆史　吉川弘文館）をしている。これは確かに多い方であろう。拝謁回数が多いからといって「家康暗殺案件」を信長がフロイスに相談することではないと思う。然し、フロイスは本国のポルトガルに報告をしている。家来が主君を暗殺したという事件として。こんな歴史上の片づけられない案件は沢山あるだろう。史料のないものをいたずらに騒いだり、結論を急いでよいわけではないことは誰でも知るところ。それでも、わからないから何でも書ける状態の自主研究では、本当に日本史学が日本人と日本国を何処へ持て運ぶのか不安である。熟慮も必要であるが、暗記もなくては思考ができようかと、これも不安を感じてしまう。このこと自体は、筆者も含めて先人の方々にも、まず足元を見つめることが先ではないかと老婆心ながら自戒する。

ルイス・フロイスは宣教師であり、悪戯の行為をしているわけではない。そこは否定するところではない。秀吉の伴天連《ばてれん》追放令で京都を追われ、日本巡察宣教師ヴァリニャーノや、同僚宣教師のコエリョと行動を共にして、有馬旧領の島原の加津佐に滞在し、天正十九年（一五九一）加津佐において国字本『どちりな・きりしたん』（近世初期イエズス会によって作成されたカトリック教会の教本）が出版されている。またこの一行は長崎にも足を運んでいる。秀吉の伴天連追放令は京都府内からの追放であって、九州は「下《しも》」と呼ばれて、布教について実質的には放任されていた。また同時に宗教の信仰は本人の自由な判断に任せておき、宣教師の信徒を強制するが如き勧誘はならないと禁じていた。この点は大変重要な箇所として読者に熟慮して頂くために事例を示した。

前半のキリスト教カトリック教会の日本上陸とその流れを説明してきた。ここまでは

「年号」も「歴史用語」もできたら覚えて欲しいという域であるが、ここから後半は熟慮思考型でいき、本書の進行を以って将来の日本史の教科書に挑戦していきたい。

前半部分のまとめとして、高瀬弘一郎『キリシタンの世紀　ザビエル渡日から「鎖国」まで』(岩波書店)の一文を借りることでご理解頂く。本論を外れて、一般歴史論に触れる。この一文は中々はっきりとものを語る学者の見識であり、誠に参考とすべきもと味わっていく。読者に賛同頂けるかどうかは読んで後の感想を聞きたい。ここまでそれなりに思考する必要のありそうな物言いをしてきたつもりであるが、更にいま一つ歴史学のありがちな一面を聞かせよう。

「キリシタン史の研究の分野で出来るだけオリジナルに遡《さかのぼ》った史料とは、その大部分が、キリシタン宣教師たちが記述した文書類であることが多い。即ちカトリック教会側の海外史料である。国内史料もないわけではないが、その量がはるかに少ない上に、記述内容にも偏《かたよ》りがある。キリシタン史の全体像を研究するには、どうしても教会史料に依存しなければならない。ただこの史料もカトリックという宗教や修道会が絡む色々な困難がある」と明確に誘導している。

　これらの史料はキリスト教史全体の解釈について述べているが、これから手掛ける「島原の乱」もある部分で、揃い過ぎた表現に違和感を受けるところもある。極東の狭い日本の切支丹とはいえ、あまりにもたとえようのない大規模な叛乱であるが、そのわりに事細かくフロイスに代表される、宣教師たちの報告がなされているような文面が並ぶ。細か過ぎる現場を描写する古文書と、一見正確らしき切支丹たちの状況報告は、ただ一途な信徒を連想させる。この手法は印象付けには大役を果たしている。

　イエズス会にとって極東の小国「日本」での農民一揆がさほど重要な案件であったのかと、軽い疑念も湧く。日本での布教は中国への布教活動の足慣らしとして、成功談や布教活動の熱い報告文の存在が、日本史としての冷静な解釈を狂わせてはいないかといらざる解釈をしてしまう。

　ここで嘘のような本当の歴史を三本見せよう。

◯アンジローの誤訳　慶長五年（一六〇〇）頃の話

ザビエルが周防《すおう》山口の大内義隆に拝謁しようとアンジローと表敬訪問をした。そのとき、ザビエルはアンジローの訳文を頼りにキリスト教の神デウスについて真言宗の僧侶たちと語りあった。アンジローの訳には「大日如来像が天にまします、日本国民の安寧を願っています」と説明した。それを聞いたザビエルは「キリスト教の教えにもデウス=大日が天におわします」と受けて立ったため、真言密教の僧侶たちは日本の仏教とキリスト教は同じ名前の神を拝する民族であり、大いに歓迎するという態度を見せた。

領主の大内義隆は領内の仏教寺をザビエルに使用することを認め大切に対応した。しかし宗論を重ねていくうちに誤解に気付き、義隆の機嫌を損ね、おまけに持ち込んだ土産物が簡素なものであったため、更に不興をかったというおまけ話までついた逸話がある。然し、宣教師たちは必ず「デウス」の神から宣教を始めたために誤解は多かった。「デウス」と「大日」のポルトガル発音は酷似しているらしい。

本当のことであろうか、何となく怪しい話と筆者には思えてしまう。

○ロレンソ了斎《りょうさい》　大永六年〜文禄元年（一五二六〜一五九二）

長崎、平戸生まれ。日本人最初の宣教師。生まれながら目が不自由で琵琶法師として生計を立てる。周防山口でザビエル神父に出会う（天文二十年・一五五一）。ロレンソという洗礼名を受けイルマンとなる。イルマンとは宣教師補佐らしい役職。京に上り、信長、秀吉の前でも教義を説いた。盲目の日本人であるキリスト教神父に語り掛けられた日本宗の人たちはすぐに改宗したようだ。山口や京都にもザビエルに同行して、改宗論をぶちまくったようである。ザビエルは日本人ロレンソの勤勉さを高く評価した。又、ロレンソは何万キロも離れた外国から危険を冒しても、なにひとつ現世の利益を求めずひたすら人々のために、全力で対応するザビエルの姿勢に感動したということらしい。どちらも我がためではない行動に感銘している。彼らの布教がやがて島原の乱の蜂起に関わってくることを読者の皆さんも、遠目からでも時代の背景を感受しておかれたい。

○「下《しも》」（豊臣政権下に於いて、九州地区の呼び名）で活躍したトルレス神父（永正七年〜元亀元年・一五一〇〜一五七〇）

天文十八年（一五四九）ザビエル、アンジローと共に薩摩（今の鹿児島市）に上陸。ザビエル離日後の日本布教長を務める。周防（現在の山口市）、豊後（現在の大分市）で布教にあたる。大村純忠《おおむらすみただ》（日本人最初のキリシタン大名）をはじめ約三万人に洗礼を授けた。スペイン（ポルトガルではない）の宣教師。日本各地で実のある布教活動をしてその地で信頼を厚くした教会学者。

トルレスが周防山口に帰還再訪したときは、当主は大内義隆（十六代当主）から大内義長（十七代当主）に代替わりをしていた。西国方面では大内氏は有力な大名として名を馳せていた。

トルレスはアンジローの翻訳通りの解釈で大内義長に接し、万物の創造主である唯一の神を真言宗の大日如来の「大日」を「デウス」と訳し、キリスト教も真言宗も同じ神を頂いているとして、キリスト教は天竺渡来の新仏教と説き、仏法僧が大勢改宗して、真面目なキリシタンとなったという。このアンジローの偉大ともいうべき誤解にいたく感動した大内義長は次の様な特例を与えた一文を紹介する。

天文二一年（一五五二）八月二八日付の大道寺建築に関わる判物（裁許状）に見られる。「西域《さいいき》ヨリ来朝《らいちょう》之僧《そう》、仏法《ぶっぽう》ヲ紹隆《しょうりゅう》ノ為、彼ノ寺家《じけ》ヲ創建《そうけん》スベキノ由《よし》、……」。

＊解釈

西欧の国（ポルトガル）より、日本に来た僧侶（宣教師）、仏法（キリスト）の布教の為寺家を創建スベキの由、……」という文言は、そのことを如実に物語ると言われている（『日本キリシタン史の研究』　五野井隆史　吉川弘文館）と解釈されている。つまるところ、キリスト教と真言宗は同じ神を信じる兄弟宗であり、同じ門徒であると解釈して、高級武士から農民まで大勢の改宗者が現れた。トルレス神父は大道寺（教会）を好きに建立し、使用を自由にしてよいといった証文である。アンジローの誤訳が改宗者の増員に大きく貢献していくことになった。然し、この嘘ではない誤解は暫《しばら》くして、本物の仏僧に論破され、石もて追われることになったらしいが、周防に於けるそれ以後のトルレス神父たちの行動については詳細を知らない。この後、宣教師たちは秀吉の伴天連追放令に攻められて、日本準管区長のコエリョやフロイスに同道し、九州の「下」に移動する。彼らは問題の旧有馬藩領の加津佐地区に集まる。

筆者が示したこのアンジロー、ロレンソ、トルレスのエピソードの三例は、信頼できる文書からの要約である。

この嘘のような本当の歴史上の真実が成立するくらい、キリスト教と伴天連神父の日本デビューは世界の羨望、海国日本では衝撃的なことであったに違いない。これらの事象からは今日の日本国の状況はとても想像できないことである。

フロイスの日本報告の内容が一見して、デフォルメが効き過ぎているような報告のため、虚偽な報告をやめて真面目にするようにとの忠告をされたことは、先にも触れたところであるが重要な認識箇所と思う。

何故か筆者がフロイスの（『十六・十七世紀イエズス会日本報告集』）の内容に懸念を感じるのは、各宣教師たちの布教実績を切支丹信徒への迫害に耐える、信仰心の高さと美談で形容し過ぎているところである。そしてその強調した文脈は、永く今時の先行学者諸氏の解釈に影響してまとめられ、外来宗教が与える不都合な部分を扱えない、専門家になってしまっているのではないかと思う。宗教、信仰は人間の平等で自由な権利である。そこには長所も短所もある。その周囲の人間を迫害し、その教義に合わない人は神を冒瀆《ぼうとく》しているとして、神の名のもとに躊躇《ちゅうちょ》なく殺し合う。過去の人間の歴史で宗教戦争ほどむごい戦いはない。自分の意思で人を殺すのではなく、神の教えに従って、神のために殺害も躊躇《ためら》わない。自分の行為でなく、神の意による次第であると自分に言い聞かせることが出来る。日本においてのキリスト教の布教で死に直面した切支丹以外の、即ち日本宗の立場で書いた文書は少ない。一方、既に記したように切支丹が迫害されて死に至るときは、そのすぐそこに同席していたかの如く詳細が語られる。大袈裟に言えばその迫害場所を事前に探知していて、その場にレポーターでも呼んでいたような微に入り、細にわたるとでもいうような記述、文献が用意されていると感じる。それは筆者の浅学のせいであろうか。ならばそれは野暮な詮索と失言であろうから反省するが、それでも得心のいかないことが多い。

どうして先行学者たちはこのフロイスの報告書を研究対象にしないのか不思議である（松田毅一氏を除く）。また研究されても評価された文献としてあまり表に出ない控え目な語り口である。何故だろう。キリシタン史は進むとしても、日本史学は進まず相変わらず彷徨っている。それを避けて、「暗記学問」だとか「思考型の人材を創る教科書」とか言っても、一体そこに辿り着けるのであろうかと危惧する。

第五節　キリスト教禁教令（ここでは広義に於いて禁止令の総称とする）

近世時代のキリスト教禁止令と一口に言っても秀吉、家康の禁教令にはかなりの相違点がある。ここで禁教令と禁止令は少し概念を違えて解釈をする。禁教令は政策総称であり禁止令は具体的な布令と解釈することをことわりおく。まずは我らの作成した二十四〜二十七頁の価値ある年表で確認しよう。どちらも禁教令であるから、どこが違うかというと社会背景が大きく違う。秀吉は織豊時代の為政者であり、家康は封建体制が確立されつつある時代の政権である。信長、秀吉よりも統一政権の形が確立されてきていた。わかり易く形容するならば徳川幕府の禁教令は、天下泰平の安定期を迎えようとした初期の社会に於ける禁止令であった。即ち、同じ禁止令という言葉でも秀吉と家康では目的が違って来る。我らはそこを理解しよう。ザビエルが日本に上陸以来、叛乱軍の殲滅《せんめつ》に至るまで日本国に於ける八八年のキリシタンの歴史がある。読者はそこも併せて理解したい。次は一揆叛乱軍の事実上の原因になったキリスト教禁止令について解説しよう。かなり難しいかもしれないが、三人の武将の違いを摑まれたい。近世史でこの三人の拘らない歴史案件は殆どないだろう。しかし、信長、秀吉、家康の異国の宗教に対する感覚はかなり違う。軽く触れてみるが大事なところである。

＊織田信長　何でも自分中心に考えるタイプ。新し物に抵抗は全くない。キリスト教にも無類の関心を示した。騎士用の鎧とマントを着けた肖像画を見るときがあったが、不似合のような気がする。そして黒人家来の弥助《やすけ》を連れ、宣教師ルイス・フロイスを寵愛する。キリシタンは一向門徒の相対勢力として育成プランを持つ異色な武将。

＊豊臣秀吉　ハーフ&ハーフの距離感を維持。伴天連はマカオ等の外国に追放するが、領民の切支丹への改宗は本人次第で認める。但しイエズス会の強要改宗は禁止、日本宗を守るが、ポルトガルとも交易はしたい。武器は幾らでも欲しい。信長同様、切支丹門徒を一向宗門徒の抵抗勢力に育てることも視野に入れる知恵者。

＊徳川家康　自身の考えと長期政権体制の維持を考え、第一弾は直轄地、第二弾は全面禁止。そして日本国全土のキリシタンの弾圧。鎖国管理外交で日本宗を堅持。キリシタンは隠れた潜伏的な存在となる。

これはサラッと流したが、近世為政者のキリスト教感覚である。この程度の書きようでは異論も多かろう。本書の第五節は長くて深いが、更に一文を紹介して終わりにしたい。

近世の武将は、それなりにキリスト教対策は考えていたとみたい。特に一向門徒衆が教義を他にさておき、時の為政者の体制作りに反攻的であったことに悩んだ結果であろう。それでは個別の禁止令はどんなものであったかその概要だけでも解説する。

秀吉は宣教師を呼びつけ糾弾したが、信長時代には禁教の姿勢はない。

次にその四文を紹介するが、いずれも大事なところである。

●秀吉の禁止令の要旨

天正十五年六月（一五八七年七月）秀吉は伴天連追放令を発布する。

それに併せて、事前にイエズス会日本準管区長コエリョに次のような詰問をした。

①　何故にパードレ（神父のこと。以下同意）はかくも熱心に改宗を勧め、また強要し

てキリシタンとなすか。

② 何故に、寺社を破壊し、仏僧に迫害を加えてこれと融和しないか。

③ 何故に、人に仕え有益な動物である牛馬を食するが如き、道理に背《そむ》いたことをするか。

④ 何故に、ポルトガル人は多数の日本人を買い、奴隷として国外に連れ行くか。

このような秀吉の詰問を受けたコエリョは次のような返事をした。

①について、パードレが艱苦《かんく》を嘗《な》めてヨーロッパから渡来するのは、救霊《きゅうれい》のためである。それゆえ力の限り改宗せしめようと尽力するが、強制はしたことがない。

②について、神仏の教えでは救いが得られぬことを悟った日本人が、自ら寺社を破壊したのだ。

③について、パードレ・ポルトガル人共に馬肉を食する習慣はない。牛肉は食べる。それをやめることを殿下（秀吉）が望むなら、やめるのは容易である。

④について、ポルトガル人が日本人を買うのは、日本人が売るからで、パードレはこれを悲しんでいる。殿下が、諸侯の領主に日本人を売るのをやめるように命じ、違反する者を重罰に処するなら、容易に停止するであろう。

（『キリシタンの世紀』高瀬弘一郎、岩波書店）

筆者は秀吉の詰問にコエリョ準管区長はこのように答えているから、両者のこのやり取りを検討してみる。読者も参加されたい。

＊詰問①に対する筆者の感想。

キリシタン大名の流れを見たらとても回答としては信じられない。神社仏閣を焼き打ちして、改宗しないやつは殺せという地域文書もあった。

力でなくても、集団の頭目からの力を頼りにトリクルダウンのやり方がより効率的であるとして、日本の最高権力者に会いにザビエルは京を目指したのでないか。そこを的確に指摘した先行学者をあまり見ない。ここで焦点のない評価ならばやはり日本史はどこかに遠慮し、奥行のない学問に終わるのではないか。

＊詰問②に対する筆者の感想。

この回答で秀吉がコエリョに対して共感したとはとても考えられない。文章をよく見よう。これは日本のトップリーダーが異国人にしている詰問状に対する正式な回答であるはずだ。百歩譲っても切支丹信徒が自ら解決できない苦難に立ち向かうときに、神社仏閣の祭司職を殺害すると何が解決するのか。こんな回答に得心するならば、それまで神社仏閣に賽銭《さいせん》を捧げ、仏を頼りに墓参りをしてきた信者たちにも責任は出てくる。これで改宗するような切支丹改宗信徒は、いつでもまた転ぶ（改宗）であろう。ここらあたりに宣教師も、改宗信徒も底は浅いと見るべきではないか。「加津佐寿庵《かづさじゅあん》」に対する詳細は後述するが、廻状の配布くらいで自らの座する場所や、拝む神が変わるような宗教の解読ならば、日本史は前に進むことができないようでこれもまた不安である。

＊詰問③に対する筆者の感想。

ここは特に解説の必要はないところ。

＊詰問④に対する筆者の感想。

ここは詳しく考えなくてはならない。この回答を無批判に受け取るところではないが、完全否定も致しかねる一文。

奴隷として領民を売る人がいるから、それを買う人がいる。売る人がいないのに移動すればそれは強奪である。

このたとえは誰でも理解できる理屈。読者もここで考えよう。

・何の代金として領民が奴隷として売られたのか。

・誰の意思で奴隷になったか、自分の判断かそれとも家族の決定か。

・支払いの相手は確認できていたか。

こんなことが斟酌《しんしゃく》されねば学問として深耕がない。筆者はここでも自論を出す。

この時代、イエズス会の布教の手法として、「惜しみなく与える」ことがひとつの戦法であったことは神田千里の『島原の乱』でも既に見た。ひとつの事例を示そう。

＊想定文
ある貧しい農家の家に突然、神父が訪問したとする。

「神父様は空腹な家族に食物をくれた。家族は飢えを凌いだ」。

「あくる日も食物をくれた、そして負傷していた両親に手当をしてくれた」。

「薬を置いて行った」。

「言葉は通じなくても天から神が舞い降りたようで有難い」。

「両親の負傷も癒えた」。

「家族は神父に感謝した」。

「農家には払える金がない」。

「身の回りの世話をして感謝に応えよと娘に指示する」。

「これは人身売買とはいわれない」。

「単なるお礼である。然も誠意ある最善の方法とみる」。

「一方、農家はこれで口減らしができる」。

「この手法が慣習化すると、それは支配層に於いても正当化される」。

「キリシタン大名にもそんな奴隷扱いの下女はいる。金銭支払いの補塡《ほてん》に都合よい」。これは筆者の幼稚な例文であるが、読者の皆さんに文脈のイメージをご理解して頂けるのは早いと思う。

これは比較的穏便なたとえ話であるが、実態は労働者として、鎖で手足を縛られて連行され、女性は大量に連なりながら奴隷船に乗せられる情景を認《したた》めた『九州御動座記《きゅうしゅうごどうざき》』（天正十五年、大村由己《おおむらゆうこ》）。これは秀吉の九州征伐のとき（天正十五年・一五八七）、奴隷船の状況を報告した文献である。また口之津港から火薬ひと樽で少女ひとりが交換されていたことは極秘の話ではないが、何故か学者は強く語らない。

このテーマの人身売買は、現代理論で考察すればよい展開は全くない。自動であろうと他動であろうと、ひとつの日本史の事実として検討されねばならない。そこを無理に正当化はできないが、さりとて避けてばかりでは、やがて答えが彷徨うなことになる。少女を売った方が悪いか、買った方が悪いか。これでは混血児は幾らでもいたであろう。天草四郎の複数説が出てもおかしくない環境であったことを知ろう。こんな素人の発想にわかり易く説明された本を見たことがない。イエズス会の唯一神教の布教政策を批難するよりも、布教を何故急ぐのかということは疑問にならないであろうか。

これらのコエリョの回答に対して秀吉は次の様な禁止令を二回にわたって公布した。

★禁止令の一回目は一一箇条になる。長くなるからその要旨をまとめる。

天正十五年（一五八七）六月十八日、付け〔覚書〕。

・教会・領主による家中・地域総ぐるみの強制的なキリシタンへの改宗を禁止。民衆の自由意思に任せること。

・日本人奴隷と人身売買を禁止のこと。

・そして布教と貿易を切り離して考え、従前通りのポルトガルとの交易は奨励する。

・大名の領主がキリシタンになることは原則禁止である。既に信徒となっているキリシタン大名は即座に日本宗に戻ること。新たに信徒になることを希望する大名は秀吉の許可を取ること（実際には秀吉の許可を取らずにキリシタン大名になった武将はかなりいた）。

この布令の特徴は民の自主的参加であれば、特にキリスト教の信仰を否定していない。

★二回目はその翌日（十九日）の布令
天正十五年（一五八七）六月十九日付〔定書〕。
・日本は神国であること、神社仏閣の焼き打ちは禁止。
・伴天連の国外（マカオ等）への追放。二〇日以内に実施のこと。
・長崎港中心のポルトガル船の入港は奨励する。

＊ここで、ちょっと寄り道をする。秀吉の一回目の禁止令は〔覚書〕で二回目の禁止令は〔定書〕となっているが、前者はメモ、非形式的、略式の意味。一方、後者は正式な法令である。ここでは、覚書だからその効果は薄いということにはならない。上意下達の関係だから当然であろう。

さて、これらの秀吉の禁止令は二回発令した割に相互の内容に矛盾がある。そこを見よう。キリシタン大名の扱いも玉虫色の対応。この発令に沿ってキリシタン大名を止めた武将は黒田長政、有馬直純などがいるが、高山右近など、キリスト教に殉教して領主も家来も捨てた人物もいる。この殉教とキリシタン大名については別節で改めて説明するが、新たにキリシタン大名になった領主の方が多い。だから大坂夏の陣の籠城戦にはキリシタン侍のかなりの牢人衆がいた。その残党が「島原の乱」に参加していたという噂も確かに伝わっている。だからと言って四郎時貞が豊臣秀頼の遺児という論陣には筆者は全く与《くみ》しない。とはいえ、この秀吉の玉虫禁教令が徳川幕藩体制下の禁教令に大きく影響したことは異論を待たない。

但し、筆者は秀吉政策を批難するものではない。今、筆者は読者の皆さんと軍記物を検証しているわけではないことを断言しておかないといけない。歴史の流れと事実を確認し、日本史を学習しているところである。

豊臣秀吉によるこれらのキリシタン禁止令は、何とも歯切れの悪い禁止令であったことを読者の皆さんは、充分認識するべきである。これは是非知って頂きたいことであるが、その頃の日本の財力は金・銀・銅の鉱山物がかなりのレベルで産出されており、秀吉の聚楽第や金の茶室などの造りはそれを物語っている。その時の日本の火縄銃の丁数は四、五〇万丁を確保できたらしい。そのレベルは世界でも類を見ないレベルであったと言われる。これは大名が自主申告をしたわけではないから確実な根拠によるものではない。太閤検地もあてにならない。この銃砲の存在が二度の朝鮮征伐の根拠にもなっていたことは否定できない。ここを語る学者もあまり見ない。そこで、ルイス・フロイスの『日本史』に頼る。

＊太閤殿下の刀狩に先立つこと、天正十五年（一五八七）に伴天連追放令が出された。そして肥前国（佐賀県、長崎県）では武装蜂起に備え、武器を隠すのを防ぐために刀鑑定の刀匠を派遣し「名刀を買いに来た事」を宣伝し、自慢の刀の価値を知ろうと集まった村人たちに刀匠が、持ち主や刀の銘を聞き記録を作成し、その記録を元に刀狩令を公布。百人近い役人を投入し一万六千本の刀を没収した。ただ実際には、その他の槍、弓矢、獣害駆除のための鉄砲や祭祀に用いる武具などは所持を許可されるなど、刀狩後も農村には大量の武具が存在したままで、完全な武装解除がされたわけではない。

刀狩は、一人当たり大小一腰を差し出せという実行形態も多いし、取り調べの後、すぐに所持が許可された例も多く、中世農民の帯刀権を剝奪する象徴的な意味で行われたと思われ、むしろ百姓の帯刀を免許制にするという建前を作り出すことに重点があった。そのため、刀狩の多くは武家側が村に乗り込むのではなく、村任せで実行されたケースが多いとフロイスは自著に書いている。つまるところ、ここでも太閤様のお触れは玉虫色の行政であった。これは秀吉政権が完全な統一政権として、不充分であったことを示す結果であろう。もっとも、刀狩を効果的に強く実施していたら、少しくらい切支丹蜂起に影響があったとみる。こんなこじつけ的な解釈は、学術議論にも欠けるという指摘があろうが、それは我慢しよう。

次にここで豊臣政権にとっては大きなキリシタン事件が起きる。それを説明しないと読者は理解できないであろうし、歴史現象を無視することになる。

◎サン゠フェリペ号事件、慶長元年（一五九六）

これはスペイン船（ガレオン船、帆船のこと）が土佐の高知の海岸に難破漂着したことから始まる。

秀吉のキリスト教対策は伴天連追放の政策をとり、表面上は禁止であるが、実際は黙認するという、玉虫色の政策は既に皆さんと確認した。それでも上方方面での布教活動はそれなりに制限されていたが、「下」と呼ばれた九州地区は殆ど制限なしの状態であった。特に長崎地区はポルトガルとの貿易は制限どころか盛んに推奨されていた。この状態はキリシタンには「神の国日本」でやりたい放題といった模様であった。こんなとき、日本の近郊の海である東シナ海で複数のスペインの船が台風に追われながら沖で難破した。積荷を投げ捨て満身創痍で助けを求めた、命からがらの航海であった。それでも何とか台風から逃れて、漂着したのは日本の土佐の国（現在の高知市）長曾我部元親《ちょうそかべもとちか》の領地であった。ここで豊臣政権と一悶着《ひともんちゃく》が起きた。結論から説明しよう。この船はメキシコに向かうところを遭難した。そこで乗組員から得た情報によると、「我々はスペイン国王の命令で世界中を股に掛け、キリスト教の布教と共にその地を征服することを目的としている」と息巻《いきま》いた。そしてここで船を修繕し、食料を与え、再び航海できるように要請をした。これは航海法の決まりだとも言ったと記録に残る。航海長の名前はデ・オランディア。

抑々《そもそも》、スペインのメキシコ行きの船が何故ここを航行するのかわからないが、とにかく、自分たちを大事に扱わないとスペイン国王が攻めてくるぞ、くらいの脅し文句などは言ったのではないか。日本の太閤秀吉も朝鮮半島を征服しようとする人物であるから、これくらいの脅しでは驚かない。京都、大坂にいた宣教師とその信者二六人を併せて捕獲し長崎に送り込み、慶長二年（一五九七）十二月十九日に長崎で処刑した。

これを「日本二六聖人《にほんにじゅうろくせいじん》」とし、日本歴史上の事件としてしっかりと語られている。この事件は秀吉にとっては予想外の案件であったであろうが、サン＝フェリペ号の航海長の発言がいけない。〝いずれスペインは日本も統治下に置くだろう〟の態度。こんな説明は筆者の付け足し内容であるが、恐らくそれほど大きく的《まと》を外していないとみる。なおこの二六人は「殉教《じゅんきょう》」とされている。スペイン国の利益のために、日本勢力に抵抗することなく命を捧げたという評価であろう。この評価はそれでよい。特にこれ以上の説明はいらない。ただ日本の権力者である太閤にとっては面白い話ではない。そこで少しは厳しい禁教と取り締まりをしなくてはならないと思ったであろう。その二年後、太閤様は没された。

長い説明であったが、近くに外国船が来るかもという時代の流れを理解するために、この事件の内容だけは何となくでも覚えておこう。

●次に徳川幕府の禁教令について説明しよう。

徳川政権は実情に合わせて、段階を踏んで発令した。徳川幕府はその初期に於いては、豊臣政権を踏襲するような流れできた。徳川家康の禁教令は、二代将軍秀忠の名前で発令した。

＊慶長十七年（一六一二）三月二十一日

第一法令は江戸、京都、駿府などのいわゆる、幕府の直轄地での布教は禁止とする。さらに家臣団のキリシタン化はまかりならぬ。もし、信者であることが判明したときは改易処分もありとした厳しい内容となっていた。

そんな布令の中、岡本大八事件が発覚する。事件は今回の問題地のキリシタン大名の有馬晴信と岡本大八の騙し合い合戦であるが、事件よりも当事者の双方が共にキリシタンであったことが幕府にとっては重大であった。更に幕臣や旗本の中にもキリシタンが多数、潜んでいたことが次の禁教令を呼んだ。

翌年の慶長十八年（一六一三）二月十九日第二法令として金地院崇伝《こんちいんすうでん》に作らせた「伴天連追放文」を発した。これは前年発令した直轄地での伴天連追放令を全国に適用させた。そして長崎、京都にあった教会は破壊され、更に翌年の慶長十九年九月にキリスト教徒はマカオ、マニラに国外追放にされた。有名なキリシタン大名の高山右近も客分扱いであった加賀前田藩よりマカオに追放された。

この禁教令の実施から切支丹は市中に潜伏して活動を続け、宣教師の密入国も発見されるに至って、関係者は大量処刑をされた（元和《げんな》の大殉教五五人）。

徳川幕府はポルトガルの強引な布教と日本の植民地化に危機感を持っていたことは確信のある話である。ここらの論点は否定する余地はないと思う。異論はあっても討論するところではない。

この流れはやがて徳川幕府に、限定貿易の鎖国状態に向かわせる。その延長線上に今回の本書テーマの「島原の乱」が勃発する引き金がある。ここでダメ押しの確認であるが、徳川幕府に鎖国状態はあっても「鎖国令」の発布はなかったことを確認しよう。このポルトガル断絶の方向に傾斜した方針の一因にイギリス、オランダの入れ知恵があったこともきちんと知ろう。スペインの無敵といわれた艦隊はイギリス、オランダの連合軍にアルマダの海戦で敗れ（天正十六年・一五八八）世界秩序の潮流が変わっていた。

島原の乱以降、幕府の徹底した弾圧が執行された。ここらあたりで禁教令の歴史はひとまず止める。

☆豆知識　洗礼《せんれい》と殉教《じゅんきょう》

＊洗礼について

キリスト教徒となるために教会が執行する儀式。全身または頭部を聖水に浸す。そしてその儀式により、以後その信徒は「イエス・キリストとの一体化した信者」の仲間入りとされる。但し「信仰心のない人には意味のない行為」として、明確なものらしい。

＊殉教

「殉」とは従うと読み、「殉教とは教えに従うこと」である。

「殉教」は時の為政者に抵抗することなく死を選び信仰に身をゆだねて死すること。

イエス・キリストが信者から尊厳の的とされるのは、時の為政者に抵抗することなく十字架にかけられ、人類の尊い犠牲となって民を救ったことにある。

豆知識のため、異論もあろうがこの程度で先に行きたい。

ここで先の「日本二六聖人殉教」の表現について筆者は少し異論がある。

これがスペイン国の歴史の記録ならばそれで少しも問題はない。然し、日本史の歴史案件として思考すれば、時の日本国家の最高権力者である太閤豊臣秀吉に反抗的、挑戦的態度を取ったから、逆鱗に触れて処刑となったのである。ことの原因はスペイン船の難破事故にある。彼らが京都付近にいた宣教師や信者を巻き添えにして処刑にされた。彼らはキリスト教を信仰はしていたが聖人ではないと思う。この認識は因縁をつけるようだが、日本史学のもとでは単に「スペイン人二十六人の殉教（日本人の信徒二十人を含む）」でよいであろう。

日本宗に於ける「聖人」とはもう少し高い位置にある教理を極めた者に与えられている人物のことを指す。言葉が遊んでいる。彼らの姿はイエス・キリストと酷似した姿に映るのか。とても充分に考察された表現とは思えない。異論があるなら正面から伺いたい。我が意にご賛同頂ける読者と共に学びたい。

「歴史用語」の削減を高大研が提案する前に、日本史学というジャンルに対する真剣味が必要ではないか。筆者の様な素人学問ならば許せようが、ただ、言葉を適当に当てはめるだけで、オリジナリティを出そうとする学者がいると、ある著名なキリスト教史の学者が指摘していたが全くの同感である。

本書の第一章は長編となったが、その全文に流れる主旨はイベリア半島の二国と、イエズス会のトリプルタッグの世界戦略の一環として、極東アジアにあった日本に辿り着いたザビエルとキリスト教の案内に終始した。第二章はいよいよ島原半島の大事件「島原の乱」である。

ここで筆者には率直に疑問が二点残る。

その一は何故にイエズス会は布教を急いだのか。

その二は多宗教である日本国家に対して唯一神教というキリスト教を持ち込んで、宗教的には侵略行為をしたことは事実であり、それなりに功績もあろうが、その後、布教の前進は殆ど見られない結果を何故検討できていないのか。ここで検討とはキリスト教会による検討でなく、日本史学としての行動を指す。先行学者はキリシタン史をその立場で研究はされているが、民俗学と地政学を横において研究するべきではないかと残念に思う。この見識には反論があろうが、日本史の中のキリシタン史でなければ、是非の学習がいつまでたっても前進できない。「熟慮型学習」プログラムから「天草四郎」の姿は消えるらしいが、それならば日本史に於けるキリシタン史も消すべきであろう。これは単に筆者は勝ち負け論争をしているわけではない。世界史の中の日本キリシタン史は充分やればよい。無宗教論者の筆者の解けない疑問であるが、読者の皆さんは如何なご意見であろう。

近時、世界史が必修科目で、日本史が選択科目という事実は何処か釈然としない心地であった。文科省や学校側にすれば、誤解との反論もあろうが誤解を放置すれば、それはいずれ正解とされる。

第二章　この戦は農民一揆か宗教一揆か

再度の確認事であるが、この章から本書の後半の各論に入るから、具体的な事例の引用箇所は理解されたい。

学術的に紹介する。「島原の乱」とは「江戸時代初期、松倉勝家《まつくらかついえ》領の肥前国島原《ひぜんのくにしまばら》と肥《ひ》前国天草《ぜんのくにあまくさ》の領民が連帯し、少年益田四郎時貞《ますだしろうときさだ》（天草四郎時貞ではない）を盟主にして蜂起し、島原の原城に立てこもって幕府・諸藩兵と戦い、全員誅殺された大農民一揆である（『国史大辞典』吉川弘文館）」と記述されている。

これがこの戦いの概説で最も簡潔な説明である。『国史大辞典』は言い得ているが、今まで中々研究が前に進んでいない。

○本書で学習に役立てる参考本

岡田章雄《おかだあきお》『天草時貞』（一九六〇年版　吉川弘文館）
神田千里《かんだちさと》『島原の乱』（二〇〇五年版　中公新書）

筆者はこの二冊を文献ともいうべき内容の濃い仕様の本として参考にした。同じ案件の解説又は説明は丁寧に引用もされている。表現、文字遣いには時代の経過も見られるが、根底は概ね、同解釈と読み取れるところが多い。そこで現在ご活躍の他の学者の著書も開いてみたが、大きくは差がない。農民一揆と宗教一揆とその両方合体であるといった展開であるが、やはり結論としては大きく前進された見識はないものとみた。不満は残る。この両者の研究の間には、およそ半世紀以上の時間経過がある。

★辿り着けない歴史の謎　論点を絞ろう

益田四郎時貞を語る諸本は多い。文献は幾らでもある。著名な学者、大橋幸泰《おおはしゆきひろ》氏をして言わしめている（『検証島原天草一揆』吉川弘文館）。多数の文書を扱い始めると迷路に迷い込むと。従って一般的な要旨、要点は語り尽くされているといってもよい状態である。そこらあたりについて疑問点を持たれている読者の皆さんは、著名な学者の、著名な文献資料・史料で学ばれたい。筆者が先行学者の知識に勝るものはない。従って本書では敢えてそのあたりは不要という都合の良い解釈で筆者はここを避ける。

代わりに、先行学者にあまり取り上げられなかった点について、浅学の筆者が管見な知識であるが、不充分を承知で次の六点に論点を絞り解説をして期待に応えたい。なお、その六点の見出しに全く関心の持てない読者はここを飛ばして先に進まれたい。

❶　底本とした二冊に最大の問題点である、益田四郎の存在を確かめるための容赦ない学問的訴求の手法が実践されていない。どこか手加減と遠慮が感じられる。無論、両者に疑問はあっても不信があるわけではないし、不服があるものでもない。他の学説も書きようは違っても同様な内容である。

❷　四郎は「赤毛であった」という古文書の翻刻があるにも拘らず、その信憑性について学会に先行学者の詳細な解説がない。不要、無用という見識ならば、天草四郎を歴史学の案件から一幅《ひとはば》ずらした案件にした方が初学者には理解し易い歴史学になるのではないかと、苦言を呈したい。

❸　近世初期に上陸した外来宗教の布教が、僅《わず》か九〇年ほどの期間に八〇万人（異説あり）を超えんとするような信者数をどうして揃えられたか。

❹　ふたつの一揆軍共闘の謎　　農民一揆と宗教一揆

籠城しかなかったのかの疑問。籠城作戦は単なる結果論であって幕軍一二万の軍勢に対しての勝算はもとより全くなく、又、城内の戦闘員は、武士くずれ、いきづまり信徒たち。互いに利用した作戦ではないか。

❺　原城の籠城叛乱の中に、殉教の教えを諭し、十字架に繋がれた無抵抗のイエス・キリストの姿勢を指導する知恵はなかったのか。遠藤周作氏の『沈黙』に見る如く、只々、祈り続けるだけではみんなの足手まといになるから、おんな子供まで殺害、自害に追い込んだのか。天草四郎時貞は本当に、善人で迷える子羊を救うために手を差し伸べ出し賜うたか。

❻　世界文化遺産の歴史学的整合性

歴史学会はこの整合性について、明確な一線を引いた見識を厳格にし、毅然とした態度を取るべきだと直言したい。時間を経れば学者の文献と観光ビデオが並び、やがて

「世界遺産に間違いなどあるわけはない」という見識に押されてその情報は、百年もすれば教科書どころか日本史の世界から完全に消え去り、碩学《せきがく》識者の前にはだかる大河ドラマに迎合した一部の学者と、著名な演出家たちの後塵《こうじん》を配することにもなりかねない。

筆者もそれほど長くは生きられないから杞憂かもしれないが、やはりこの流れにはいささか気にかかる。

第一節　益田（天草）四郎時貞登場

ここに貴重な史料がある。この一文に島原の原城に籠城した、叛乱軍のスタートがあるから力を入れて紹介しよう。

●加津佐壽庵の廻状《かいじょう》（岡山藩聞書）寛永一四年・一〇月・一五日

（注・かづさじゅわんの名前は取り敢えず書き込んだ、後世学者の名付けであり『岡山藩聞書』にこの見出しの記載があるわけではないことに注意しよう）。

釈文

態申遣候《わざともうしつかわしそうろう》、天人天下《てんにんあまくだ》り被成《なされ》、ぜんちよの分《ぶん》ハてうす様より、ひのぜいちよ被成候間《なされそうろうあいだ》、何《いずれ》の者成共《なりとも》、貴利支丹《きりしたん》ニ成候《なりそうろう》ハ《は》ヽ《ば》、爰元《ここもと》へ早々《そうそう》御越可有候《おこしあるべくそうろう》、村々の庄屋を《お》とな、はや〳〵御越可有候《おこしあるべくそうろう》、嶋中《しまじゅう》へ此状御廻可被成候《このじょうおまわしなさるべくそうろう》、ぜんちよの坊主共、貴利支丹《きりしたん》ニ成申者《なりもうすもの》御ゆるし可被成候《なさるべくそうろう》、天草四郎《あまくさしろう》様と申すハ、天人《てんにん》にて御座候《ござそうろう》、我等儀被招出候者《われらのぎめしだされいでそうろうもの》にて候、きりしたんに成申《なりもう》さぬものハ、日本国中の者共、てうす様より、左の御足《おんあし》にていんへるのへ、御ふミこみ被成候間《なされそうろうあいだ》、其心得可有候《そのこころえあるべくそうろう》

十月十三日

かづ（つ）さじゆわん

なを〳〵、早々《そうそう》、此方《このかた》へ可被参候《まいらるべくそうろう》、為其申入候《そのためもうしいれそうろう》、以上

＊解説

この檄文《げきぶん》は「天人」（デウスの使者の天草四郎）が下界《げかい》（地上）に現れデウスのつぎの審判（ひのぜいちょ）を下す。天草四郎に従ってキリシタンに改宗するべきである。村々の指導者たちは（庄屋、をとな）皆々ここに集まるように、此の廻状を回されるようにしなさい。日本国中の者共、そしてたとえ異教徒（ぜんちょ）の僧侶であっても、キリシタンに改宗すれば、デウスの審判を免れるが、キリシタンに改宗せざる者はデウ

スの手（左の御足）で地獄（いんへるの）に墮《おと》されるであろうと改宗を迫っている。

これがこの廻状の要旨であるが、今風に考えると意味不明のところがある。そこは筆者の浅学によるものであろうが、もう少し理解を得る努力をしなければならない。

ここからはこの文書自体の信憑性は如何なものであるかを見る。

この一文は『岡山藩聞書』の原文書を翻刻《ほんこく》したものである。翻刻されたのは天草の郷土史研究家である鶴田倉造《つるたくらぞう》氏の大作『原資料《げんしりょう》で綴《つづ》る天草島原の乱』という翻刻（活字）全集である。大変な労作であり、現在、御高齢の身であるがその功績は学会の各方面でも高く評価されている。著名な学者も称賛し、各誌に引用もされているし、筆者も買い求めて机上に飾り置くほどの秀逸本である。従って鶴田倉造氏の功績を否定する狙いは全くない。ここでは古文書に対する純粋な素人の疑問を読者と共に冷静に捉えてみたい。

ここで著名な学者の神田千里氏の『島原の乱』の一部を引用し、考察の一歩にする。

神田氏は『岡山藩聞書』、『耶蘇天誅記《やそてんちゅうき》』を見聞されたか知らないが、この史料について次のように解説されている。

「キリスト教特有の終末予言が流布されたことが、『寿庵廻状文《じゅあんかいじょうぶん》』の名で知られた、村々に一揆蜂起を訴える檄文《げきぶん》から知られる（以下略）」と解釈しておられる。筆者は浅学を承知で少し、疑問を呈する。

○浅学疑問その一

少なくとも鶴田氏の翻刻本を参照するには、この一文は一円の村々に切支丹宗を広く深く理解することを強く勧誘するものではあるが、蜂起を要求する文面とは、必ずしも解釈できない部分がある。まず神田氏の三一頁の文頭に「寿庵廻状文」とあるが、この用語は後世に於ける先行学者の解釈なのか、それとも古文書（伝達文書）として、寿庵自身が書いて「廻状」と記した言葉なのか。一方、鶴田氏の翻刻史料にあるのは筆者が引用しているように「かづさじゆわん」とひらがなで明記されている。ここは重要なひらがな表記である。

もし後世の学者がまとめ易くするために、意図的に追記されたものであるなら、この「庵寿廻状文」の漢字文字は不要なもので「かづさじゆあん廻状文」とするのが適切ではないかと思う。原文の古文書はくずし字で書かれているが仮名遣いであろう。古文書に加筆した文献は既に、信憑性に欠けることになるのではないかと異論を挟みたい。この点についての古文書解釈は永年、学会で踏襲された一面であり、筆者では解答できないから見識のある学者に助言を期待しておきたい。

○浅学疑問その二

文中、「天人天下りなされ」とあり、この天人とはデウスの神が最終審判のため、天草四郎をこの世に送り、今この地（島原の原城又は日本国に天下りするもの）に降臨することを宣言しているように解釈されている。然し、ここで天草四郎が善人として初めて登場するが如き表現で、「この廻状」を流したという解釈はどうであろう。

四郎は既に一揆軍の大将として天草、島原に登場して、その存在が確認された文書が幾多あったのではないか。改宗勧誘のために連呼して、現実に天草、島原の戦闘場面で立ち回ったであろう。この廻状は寛永十四年（一六三七）十月十五日である。準備、対策などを見れば、この時点で既に天草諸島・島原島々の各地で白装束の「四郎殿」を目撃している文書が数多く引用されている。これは一体どうしたことか。追放伴天連のマルコスが牢人たちに流布した話と何処も一致しない（四郎殿は一六年後とか八歳で長崎に現るの説もある）。いわば、既に各地で一揆騒動を起こしている「四郎殿」に対する「かづさじゆわん」廻状の内容とも全く矛盾する。歴史学で古文書の解釈が違うことは珍しくないが、これだけ大きく矛盾する文書を、かなりの先行学者が疑問を持たずに引用されていることに読者は驚かなければいけない。それともこの廻状の写本の段階で幾分のお手盛り内容が加味されたのか。先行学者の毅然とした解釈を求めたい。

○浅学疑問その三

又、次に「嶋中《しまじゅう》」とあるのは天草、島原の島々（庄屋・おとなの管理する小地域の郷島を指す）の意味であり、廻状の文中にある「日本国中の者共」（神田本九八頁）に呼びかけたものとは思えない。日本全国に廻状するなら部数は大変であるし、その情報は切支丹信徒に届く前に、幕府の手に発覚するはず。そんな愚かな廻状はあるまい。

柳生但馬守《やぎゅうたじまのかみ》の公儀隠密もそこまでのんびりはしていない。それでもなお、「このデウスの廻状は日本全土にいる切支丹に呼びかける、心からの決起の呼びかけだ」と言われる先行学者がおられるならば、それは単なる願望である。地政学でも歴史学でもない。筆者の素人学問と大差ないと思ってしまうがどうであろう。現代でも東北の人が九州全土の県郡の所在地を確認できないことも多い。同様に九州の人が東北六県の配置がきちんと符合できないことも珍しくない。長崎半島と島原半島を九州以外の皆さんでも中々にして正確には捉えられない。口之津は残念ながら遠い彼方である。土地勘のない全国の信徒が何を頼りにして口之津に集合するというのか。筆者は文中「嶋中」という文言の解釈に拘る。この「嶋中」を「日本列島全土」と解釈するには随所に無理が出る。彷徨わない日本史の一助のために議論を続け迫る。この廻状文の作者は同一文の中の前半で「嶋中の信徒」に呼びかけ、後半では「日本国全土」に中味を拡大しているとても往時の布教状況と籠城を把握した一文とは思えない徳川末期よりも後世に書かれた怪しい創作文の臭いがする。

○浅学疑問その四

前にも触れたように、この原城での籠城という捨て身の作戦（ポルトガル船の砲撃援助があるとしても）を実行することにした。ポルトガルという用語は直接に使用しなくても、援軍のあるような文言がない。本当にデウスの神か、天草四郎の力でこの戦いに勝利できると思っている廻状であったら、一万を超える投降者の存在は何と説明できるのか。籠城軍に勝ち目はないと判断したから、多数の脱落者が出たのではないかと思うがどうであろう。また、この段階で蜂起の仲間を呼びかけているようなことで、どれほどの信徒の参加が期待できると計算したのか、筆者には全く理解できない。Webもグーグルナビもない時代にどのようにして、移動するのか素人学問では答えは出てこない。

筆者のこの四点の疑問は何も神田氏の解釈に疑問を呈しているのではない。先行学者の解説は、永年この論調でまとめられている。他方で発掘調査は新たな文献発見などと囃し立てる風潮もあるが、日本歴史学が前進できたと思うような解説は見当たらない。

本書の「第一章」の一部で引用した「西日本新聞熊本支局の天草四郎の姿　詳述」の記事（一五頁）の不明部分については、後節で読者と共に時間をかけて考察するが、筆者の管見には映らないのであるとしたら、更に初心に戻り努力しなければならない。

百歩譲って、この廻状で一般信徒の民衆は集合したとしても、仏僧がここで参戦するとは思えない。伴天連たちは、不干斎巴鼻庵《ふかんさいはびあん》（日本人宣教師ハビアン）の『破提宇子《はでうす》』の宗論にも破れ、「神国日本」の秀吉、徳川幕府の「禁教体制」の中で、仏僧を相手に参戦を呼びかけて、何を期待する無謀な廻状であろうか。叛乱軍の一揆蜂起はザビエルが薩摩に上陸して以来、八八年の期間が経過している。仏僧たちは日本に於いては知識人である。本人が切支丹の宗旨に賛同していたとするならば、既に改宗していると判断すべきであろう。

不干斎も慶長十一年（一六〇六）頃には伴天連たちを論破していた。仏僧もそれほどの世間知らずではない。これが一揆軍蜂起の廻状とは思えなく、筆者にはどことなく、「ワザとらしい」創作、伝承の一文にしか読み取れない。

この一文はザビエル、その他の伴天連や俄信徒たちが、初歩の布教状況からみて、強気の強行姿勢で、背後にポルトガル商船を意識しながら放った檄文とみたほうが、合理性のある考察と思うが如何であろう。先行諸氏の見解を否定するものではないが、筆者の見立ても是非参加させて頂きたく思う。

★「かづさじゆわん」とは誰のことか

＊考察その一

加津佐の「壽庵《じゅあん》」という宗教指導者か仏僧の名前を想像する。仏僧がキリシタンに改宗して、本人が自分の体験談話を入れた勧誘文書といった様相である。それはその解釈でよいとするが、この一文は壽庵本人が書いた書状か疑念が残る。人物像がわからない。『国史大辞典』、他の著名な人名事典にもない。巷間伝えられる話では、四郎の側近のひとりというが、そこは問題ではない。学会ではその人物の確定に何ら検証の形跡がないまま当然の如く、多数の著書に引用されていることである。但し、『四郎乱物語《しろうらんものがたり》』や『耶蘇天誅記』には加津佐の壽庵として名前はいずれの物語にも再々登場するが、「じゆわんの廻状文」はどちらの軍記物にも登場していない。やはり軍記物の域を出ないため、日本史の解釈となるような前途に大きな期待は望めない。『四郎乱物語』の翻刻本を執筆された熊本大学安高啓明《やすたかひろあき》准教授によれば『四郎乱物語』に「じゆわんの廻状文」が引用されていないのは神官が自筆するときにその資料が手元に揃わなかったのではないかとの御指導もあったがすこし苦しい説明に聞こえる。

「庵」はここにあるように「わん」とは読まない。「あん」であろう。

そして『岡山藩聞書』寛永十四年十月十五日とあるが、この日付は島原の乱で一揆の籠城戦の開始日は寛永十四年十月二十五日とある。即ち、この「じゆわんの廻状」がまかれた一〇日後に、一揆叛乱軍が原城に籠城し開戦したということである。言い換えれば、一〇日前までこの廻状でキリシタンへの改宗を呼びかけて戦力募集をしていたことになる。然も、異教徒の仏僧（古文書表記ぜんちよ）であっても切支丹に改宗しなければ、地獄に落ちるという解説文まで備えている。「日本宗」の坊主も舐《な》められたものである。誠に不遜な言い方であるが、時の仏僧たちは理念も信念もなく木魚《もくぎょ》、鐘《かね》を叩き鳴らしていたものであろうか。そんなことはない。日本宗も「隠《かく》れ念仏《ねんぶつ》」者がいるくらいであるから、それなりの支持者はあったはず。そこを語る先行学者の文献は少ない。一方で隠れキリシタンを語る文献は山ほどある。遠藤周作氏の小説が今の歴史解釈に影響しているのかと、筆者の老婆心がまた頭を持ち上げる。

それよりも、開戦の一〇日前でも戦力が固まらないのに、籠城に踏み切ったものかと疑問であるが、それはあり得ない。有馬・島原に詳しい牢人たちが作戦参謀になっていたと言われる叛乱軍の作戦とは思えない愚策に見える。

写真ではあるが古文書の筆先は紛れもなく日本人の書体。ややこしい説明になるが、いま少し、お付き合い頂きたい。

鶴田氏は原文書に忠実に訳されているところからも、誠実な人格が見られる。大変に有難い。普通の検証であれば、原文書の間違いとしてどちらかに統一してしまうであろう。ただ、先行学者の訳によれば「加津佐に住む壽庵という天草四郎の側近の出した廻状」と解説されている。これは納得するところである。「壽庵」とある如く出自は仏僧であろう。

そこで「じゆわん」と言う神父が渡来しているか検索をしてみたがヒットしない。「じょあん」で検索したらヒットした（ジョアン・ロドリゲスというイエズス会の宣教師は上陸しているが、ザビエルより更に遅れて上陸してきた人物であり、この文書の想定される時期ではない。またここで登場させるには教会での位が高すぎる。

ザビエルは天文二十年（一五五一）日本を離れた。そのとき、四人の日本人の弟子を同行させたことは年表に記した。その中のひとりにジュアンという名前の人物がいたことは判明している。然しジュアンの日本名は確認されていない。

＊考察その二

ここまででは「かづさじゆあん」がザビエルの愛弟子の神父かイルマンであるという仮説が成立するであろうか。「加津佐」の地名は前にも見たように、その沖にはポルトガル船の停泊港とされている場所がある。そこにはポルトガルの貿易商のアルメイダがいた。アルメイダはザビエルの上陸を追うようにして、一年後、日本に上陸し、ザビエルを慕ってイエズス会に入会している。

さて、この廻状の文脈を読み取るとイエズス会はかなり強気な姿勢である。僧侶に対しても敢えて言及しているところが怪しい。廻状書の本人も仏僧の出自と思しき文脈であるから、こんな文面になったという考察は充分にできる。更に加えて言及するならば、ザビエルは薩摩に上陸したときまでは、アンジローからレクチャーをされた通りの日本人たちであることに納得していた。周防山口に大内義隆《おおうちよしたか》を訪ねたときにはアンジローの誤訳もありで、雲行きが変わった。更に京都に足を運び後奈良天皇に謁見をしようとしたが、応仁の乱後であった乱世の京都はザビエルが想像していた様子とは違った。この時点でザビエルは「日本宗」の仏僧は手強いと語り、ポルトガルに報告している。従ってこの「かづさじゆわん」の廻状はザビエルが薩摩に上陸してから、仏僧をイルマン（神父ではない、カトリックは指導様式がはっきりしている、ポルトガル語と聖書が解読できなければ神父の資格には届いていないと見る）に仕立てた。そして一行は周防山口に行き、その後、ザビエルは豊後からポルトガル船に乗り、インドに帰るまでの間に、旧有馬領の加津佐の領内で廻状された文書であろうと筆者は考察する。もっとも日本人イルマンがザビエルに供をして海外に同行したかどうかは当然筆者にはわからないが、有馬の民衆に廻状を撒《ま》くに不都合な検証ではない。まだザビエルも日本布教戦略が固まっていないときの、弟子のジュアンが誰かの指示で為したとみる。従って籠城戦をするよりもかなり前（一六世紀の末）あたりのキリシタン布教状況を反映した廻状の作戦とみる。

なお、別なる考察として後世（たとえば明治初期鹿鳴館時代）に於いて、識者によるこの廻状文の写本が存在しても全く異論はない。

＊考察その三

「かづさじゆわん」は薩摩の仏僧がザビエルから洗礼と薫陶《くんとう》を受け、キリシタンに改宗。四人の弟子たちはイルマンとなり、ザビエルに随《したが》い彼を支えた。布教に全ての「日本宗」の関係者をキリスト教に改宗させるか、さもなくば、虐殺《ぎゃくさつ》も厭《いと》わないといった文面であり、貿易商のアルメイダと布教と貿易の付随性を会議して、布教の強気作戦を展開した一文であると考察する。豊臣秀吉は伴天連追放令を発布した。それに従い上方では宣教師による布教は禁止され、海外（主にマカオ）に追放された。この時、混血児も追放されている。そのため、伴天連を中心にして廻状による末法思想を流布したという解釈が合理的である。従って蜂起軍の籠城作戦は最初から勝利の方程式はなかった。いうなれば集団自決といった方がわかり易いと思うがどうであろう。どこにも吉利支丹の美談はない。

但し、この「かづさじゆわん」の廻状の表記は後世の学者が見出しとして、わかり易くするために付記したものである。ならば、そこは後世学者の作文を鶴田倉造氏が翻刻されるべき部分ではない。時代の考証にズレが出るであろう。原文書と後世に追記されたものとは、区別した扱いにしないと、他の文書の箇所にも廻状の原文作成者以外の人物の加筆部分があった可能性も全くないかどうかについて、疑念が湧く。それは筆者の要らざる邪推であり、研究の不足によるものであるならば反省したい。

＊考察その四

前にも見たように、日本史学に於いて当然の如く引用されている「加津佐壽庵」の廻状の作成者の名前であるが、鶴田倉造氏による「かつさじゆわん」という書き手の名前は全て「加津佐壽庵」と解されている。筆者はこの解釈について大きな疑問を持つ。読者の皆さんには筆者と同じ目線に立ち、考察に参加して頂きたい。少し面倒な箇所もあるが、丁寧に解説をすることにより、よりよき理解を得たい。

まず、鶴田倉造氏の翻刻材料の『岡山藩聞書』に対する翻刻には全く問題はない。問題は『岡山藩聞書』の原文の書かれようである。ここで原点に戻ろう。

この「加津佐壽庵」廻状の文書は古文書特有の文体である「くずし字（変体仮名）」で書かれている。従って、古文書に関する知識と関心がないと前には出られない。「くずし字」なるものは、平安時代から明治中期までの日本文学特有の「字母」を元にして、時には表意文字、また表音文字として使われ、大略はあるが、概ね、作者の感性によって一文がされるため、多読をして馴染まないと先端学者でもサラリとは中々こなせない。近時、この解読を売りにされる学者も散見するが、自信があるのであろう。著名な学者の中野三敏氏によれば、解読できる学者はそれほど多くはないという講演（和文のリテラシー）時の談話があった。

●豆知識レベルかもしれないが「くずし字」の学域をのぞいてみよう。
例えばひらがなの「あ」の字母（元字）は「安」、「阿」、「愛」、「悪」が一般的である。これ以外にもあるが、どれを選ぶかは書き手のセンスで、文意がより読者に伝わり易い文字を使う。従って作者の好きな文字とか、時代の流行がある。全くの表音だけのゴロ合わせのようなときもあれば、同じ作者が同じ頁の中で「あ」をそのまゝ「あ」と書いたり、「愛」とか「悪」とか文字を使い分けることもある。使い分ける基準は単に文章が単純になることを避けるという理由で変えることもあるらしい。『土佐日記』、『徒然草』、『雨月物語』や近松門左衛門、井原西鶴の作品が読めるようになると嬉しい。

さて、ここから『岡山藩聞書』の廻状の書き手の名前の解読をしてみる。本書九八頁に記した文中の最後のゴマ点文字の「かづ（つ）さじゆわん」について考察する。

筆者は『岡山藩聞書』の原文を見た。その限りの範囲で知り得た解説をしてみる。

＊かつさじゆわんの文字を分解する。まず

「か」の字母として「可」が引用されている。

「つ」の字母として「つ」がそのまゝ、引用されて「づ」と読む。

「さ」の字母として「左」が引用されている。

「じ」の字母として「志」という文字に濁点を入れ、ゴロ合わせ的に「じ」の文字に使われている。こんな日本文字はないが、近世の作家は洒落でこんな文字を造語として使うこともある。従ってこの書き手は相当ハイレベルの学者、知識者、作家のいずれかであることは間違いない。
「ゆ」の字母として「由」が引用されている。
「わ」の字母として「王」が引用されている。
「ん」の字は元々、字母がなく、そのまゝ「ん」でよい。

分解考察①

この文字を全て、原文書として並べてみると「**可《か》つ《づ》左《さ》志《じ》由《ゆ》王《わ》ん《ん》**」となる。巷間、語られる「**加《か》津《づ》佐《さ》壽《じゅ》庵《あん》**」とは全く違う文様になる。

そこで加津佐の地名であるが、長崎県立図書館、及び関連島原館、福岡県立図書館にて調べるも現島原半島にある「加《か》津《づ》佐《さ》」の地名が「可《か》津《つ》左《さ》」と書かれた文献はないという。「上総《かずさ》」と書いた文書は見るが、限られているとのこと。

分解考察②

「壽庵」の文字は当該、廻状文書には全く使われていない。「志」に濁点を付けて「じ」

と読ませる文字遣い。文字は先にも触れたようにかなりの教養人でないと使える文字ではない。他にも「者」という文字に濁点を付け「ば」と読ませる用法も少なくない。

なお、近世初期・中期には近松文学の作品には「曾」の漢字に濁点を付けて「ぞ」と読ませ、「世」の漢字に濁点を付けて「ぜ」と読ませる箇所もある。近松門左衛門の『出世景清』にも「濁点漢字」の文字は頻出しているが、明治政府は諸外国の理解を得るために、文言一致・一音一字教育の方針が出され、文学界の流れも急変してきていた。「かづさじゆわん」廻状の作者はそこらあたりの作家の作品かもしれない。しかし、くずし字の中では単に「し」とか「せ」又は「つ」と書いて「じ」・「ぜ」・「づ」と読ませる手法もある。従って筆者の考察の説明が及ばぬときはお詫びをせねばならないことは加えておきたい。

このように、一語ずつ分解考察すれば、廻状全体の文意も理に合わぬところが多い。

当然、歴史学に於いてこの文書を一次文書と見るには無理があろう。廻状文の書き手は誰かに依頼を受けて、認《したた》めた一文で、叛乱軍の声にならない声を表現したかったのではないか推量したい。くずし字は専門学者でないと解説できない。ここについても、正面から御意見を頂きたい。なお、この『岡山藩聞書』の所有者からこの文書が一次文書であるとの説明があったわけではない。ただ神田千里氏をはじめ、多数の先行学者の一次文書としての引用は少なくない。

なお、参考までに加津佐の「壽庵」なる人物が頻繁に登場する『四郎乱物語』にはこの廻状文は全く扱われていないことは前に触れた。

◉考察の結論（この結論文は確信のあるところに至ったため、以後廻状文に関わる壽庵は「かづさじゆわん」との表記とする）。

筆者はこの『岡山藩聞書』の「加津佐寿庵《かづさじゅあん》」の原文書と言われているものを調査してきた。この古典籍は「島原の乱」の事件を語る文書の写本であって、一次文書ではないことは断言したい。その文体・筆先・保管状態のどれを見ても明治維新以降の書としか見られないとみる。

その一

「島原の乱」以後、禁教政策による取り締まり状況から判断するに、江戸時代にこの廻状について写本の事実と目的を責められたら、処刑の危険も出てくる。そんな危険は冒《おか》せない。恐らくこの写本は明治六年（一八七三）にキリスト教禁止令の高札が廃止された後、キリスト教推進派の識者の手によるものと考察する。

その二

この『岡山藩聞書』にある廻状文は見開き状態で、二面にわたって書かれている。「かつさじゆあん」廻状文の僅か十二行の文章を見開きの二面の紙面にして、書かれているということは全くあり得ないことである。なお、写本であることと、内容の信憑性とは直接関係するものではないことは当然のことである。

その三

この廻状文が、真にキリシタン叛乱軍に勝利を与えんとする文書であったとするならば、何故、加津佐沖に停泊するポルトガル船からの大砲による援軍の記載を入れなかったのか、誰もが思う疑問である。もしそんな大砲の応援があるとわかれば、叛乱軍のもとには倍増の信徒が集合したであろう。「じゆわん」様の廻状文は全く目的意識のない文面である。この点について補完する先行学者の文献論文は全く見られない（筆者の取りこぼしがあればお詫びする）。往時、ポルトガルは本国がオランダとの戦争に敗れ、日本国、島原への砲撃応援とても出来なかったという事実がある。この点については少し加筆しておくことにする。

その四

それではこの廻状文「可《か》つ《づ》左《さ》志《じ》由《ゆ》王《わ》ん《ん》」は一体誰の手によって、いつの時代に書かれたものかという結論が欲しい。

ポルトガルやスペインが欧州の強国であったのは、日本史上でいう江戸中期まであり、世界の情勢、時世は大きく変化し、欧州の中心はイギリス・フランス・イタリア・オランダそしてロシアとなっていた。

その頃の日本は世にいう明治維新と鹿鳴館時代である。明治十六年から二十年（一八八三～一八八七）頃は文明開化の花が咲き、日本は欧州列強の仲間入りがしたくて、欧州文化であれば何でもありの状態であった。文久二年（一八六二）にプチジャン神父（フランス国カトリック教会指導者）も来日。明治六年（一八七三）にキリスト教が解禁となり、大浦天主堂で隠れキリシタンの発見に立ち会うことになり、日本はキリスト教文化大歓迎にして、先進国家の仲間入りをした。そのときの鹿鳴館の常連学者か、外交官が「日本のキリシタン史」と天草四郎と全滅させられたキリシタン信徒、旧徳川政権と堂々と戦った「島原の乱」の顚末を美談でまとめて識者が書いた、「かづさじゆわんの」廻状であったと筆者は自信を持って考察する。時代は既に大きく流れ、ポルトガルの支援、応援を貰って三万七千人が全滅では流石《さすが》の知識人学者、外交官であっても無教養国家「ジャポン」の評価は避けねばならない。鹿鳴館時代の往時にはポルトガルやスペインの招待席はなかったのではないかと推断する。

また（注）キリシタンを「貴利支丹《きりしたん》」と書き記す文献は初見である。筆者が、異国用語が多いという指摘をしたが、ザビエル上陸初期の使用言語であるかもしれない。薩摩に初上陸のときのキリシタン文書を見れば、時代考証はそれだけ確かなものになるが、今日の解説ではそこまで届かない。しかしながら、この「貴利支丹」の用語が他にも見られれば時代考証に大きく役立つのではないかとみる。ここに焦点を当てた専門学者の確かな解説を期待したい。

なお、ここでいう筆者の結論はあくまで『岡山藩聞書』の古文書と鶴田倉造氏の翻刻集『原資料で綴る天草島原の乱』の一一頁の一文を基本とした解釈であり、「加津佐」と「壽庵」の全ての姿を考察したものではないことは断り置く。例えば往時の「加津佐壽庵廻状」の実物を見聞きした心得のある知識人が、明治の鹿鳴館時代に書いたものである可能性もあろうし、廻状の作者自身が隠れキリシタンの末裔《まつえい》であったと見ることもできる（一一七頁に前述）。いずれにしてもここらあたりを、正しく且つ、詳しく解説された文献の上梓を期待したい。

この同じ廻状文は『耶蘇天誅記』の中にもあるというが、筆者の知る限りでは確認できなかった。「加津佐の壽庵」としては登場するが、廻状文の作者としての引用はない（国会図書館調べ）。耶蘇天誅記とはキリシタンを天誅《てんちゅう》した記述という意味であるが、この二冊の信憑性の解明は同じ趣意の文献文書であり、さして問題ないとみるがこの後に『耶蘇天誅記』には少し触れよう。

★「耶蘇天誅記《やそてんちゅうき》、前録三巻」

村井昌弘《むらいまさひろ》（元禄六〜宝暦九年・一六九三〜一七五九）は伊勢の出。江戸代初期の兵法学者。兵法「神武館《しんぶかん》」設立。後に兵法学者として島原侯（松平忠刻《まつだいらただとき》の頃か）に仕える。

稿本も島原の乱については多数書き上げている。著名な人名事典に頼るのも残念だが筆者も初耳学の人物であるから学ぼう。

この『耶蘇天誅記』の紹介文で判明、『岡山藩聞書』の文書の方が写本か、伝聞記とみる。

筆者の手元に国会図書館から紹介頂いた貴重な文書があるから紹介しよう。

例によってややこしいが、『耶蘇天誅記』は徳川家光に対する叛乱軍の殲滅後の報告書であることを押さえておかれたい。

・神田氏『島原の乱』三一頁の中の（鶴田倉造氏の『原史料で綴る天草島原の乱』から引用されたものとみる）文脈の『岡山藩聞書』や『耶蘇天誅記』に収められたもの……以下略。このたとえ方は誤解される言い回しである。

・「かづさじゆわん」の廻状は切支丹蜂起の激励文であるが、『耶蘇天誅記』はキリスト教を邪宗として批判するものであって、「かづさじゆわん」の廻状に対して基本的に宜しき批評はしない。従って相互の主張する部分についての解説も整合性に欠ける。

そこに恰《あたか》も鶴田氏の翻刻文が収用されているが如き書きように、読者は誤解してはいけない。

- 『耶蘇天誅記』には天草島原の乱（原文表記のまゝ）に加担したと思われる人物も明解に記されている。

従って読者には『耶蘇天誅記』の内容を紹介したい。

まず読者に対して『耶蘇天誅記』の著者の村井昌弘は紹介したが、この文書の内容まては、なかなか馴染めない。そこを筆者が更に簡略して案内する。

簡単に言えば『耶蘇天誅記』はその中に語られている「耶蘇宗門一揆」を主題とする戦記物である。

断っておくが「戦記物」と言えども、他に上回る文書がない限りその内容は重要な検証文献となる。今の段階では『耶蘇天誅記』は一定レベル以上の学識評価は得られていない。それは村井昌弘が徳川幕府に対する報告文書であるために、島原の乱が終結した後の「後日情報談話記《ごじつのじょうほうだんわき》」のような文書で、天草四郎と切支丹衆の奇怪な伝説とその行動が詳しく、現実のように収集されているため、余計に怪しいといった扱い方が散見される。

この一文は天草諸島の島々の農民の間でもっともらしく語られていた「耶蘇《やそ》宗門《しゅうもん》一《いっ》揆《き》濫觴《らんしょう》之事《のこと》」を村井昌弘が書き留めた内容である。

○読者がどうしても知りたいところその一（『耶蘇天誅記』より）

天草四郎の人物像を語る文書

「当年《とうねん》御一五歳容顔美麗《ようがんびれい》ニシテ画《えが》ケル天人《てんにん》ノ如ク聡明膚智《そうめいふち》ニシテヲ知リ不聴《きこえず》ヲ覚《さと》リ七八《なな、はち》歳ノ時ヨリノ三教ヲ明《あき》ラメ詩《うた》ヲ賦《つく》リ歌ヲ詠《よ》ミ弁舌流《べんぜつなが》ルゝ滝の如シ扨不測奇妙《さてはかれずきみょう》ノ方術《ほうじゅつ》ハ挙《あ》ゲテ算《かぞう》ルニ暇《ひま》ナシ或ハ闇夜《やみよ》ニ眼明《めあき》ラカニ或ハ海上《かいじょう》ヲ歩クニシ或ハ坐《すわり》ナカラ遠国《おんごく》ノ動静《どうせい》ヲ知リ或ハ立《たち》トコロニ不貞《ふてい》ノ病人《びょうにん》ヲ治《なお》スル類《たぐい》ヒ什磨人間《じゅうまにんげん》ノ所為《しょい》ナルヘキ（以下略）」

＊解釈

四郎像の様相を述べた一文であるが、「当年十五歳で美麗、イケメンで聡明にして、見えないものも四郎には見え、七、八歳で儒仏神を知り、海上を歩き、不治の病人を治し、凡そ人間の為せるところに非《あらず》して、天人という所業《しょぎょう》のひと」と一文は語り、四郎の後に続く信徒の勧誘をせまった。

なおこの作戦は伴天連（宣教師）・以留満（修道士）たちの暗躍があったものと村井昌弘は幕府に報告をしている。ここで注目は有馬、天草の牢人たちは、伴天連神父職とあるところである。有馬・天草の牢人が全て布教戦略と活動をしていたという一面を持つ。イエズス会のポルトガル神父の影が見えないことを疑わしく思っていたが、この一文でそれなりに納得した。原城の籠城作戦も、日本人の単独行動で終わらせる予定の行動であったのであろう。だから原城内からのポルトガル人宣教師の死骸は全く発見されていない。

○読者がどうしても知りたいところその二（『耶蘇天誅記』より）
四郎の実父、益田《ますだ》甚兵衛《じんべえ》好次《よしつぐ》の正体。
村井昌弘は『耶蘇天誅記』関連文書の「益田《ますだ》甚兵衛《じんべえ》移大矢野《おおやの》事《こと》並《ならびに》伴天連《ばてれん》以留満《いるまん》等《とう》之事《のこと》」の中で記述しているからその一文を参考にしよう。

釈文
益田甚兵衛好次は「肥後国《ひごのくに》天草郡《あまくさぐん》大矢野郷《おおやのごう》越野裏《こしのうら》卜云《い》フ所《ところ》ニ仮《かり》ニ居住《いじゅう》している今年六

三歳の農夫であった（中略）」。

＊解説

好次は小西行長の家臣であったが、関ケ原の戦いに敗れ、小西家の旧領地の肥後国宇《ひごのくにう》土郡江部村《どぐんえべむら》に隠れ住み農夫となる。その後天草郡大矢野に移住して、小西行長ゆかりの牢人たちと懇意になることで、以留満《いるまん》もように布教活動をしたと『耶蘇天誅記』の作者、村井昌弘は捉えている。然し、これらの研究は、好次自身の実態や発言を示す判然とした史料という形で残されていない。従って益田甚兵衛好次の正体の解明はされているとは断定されていないという学説が多い。確定されていないから色々書ける。日本史はここでも方向を示せないために彷徨ってはいないだろうか。

○読者がどうしても知りたいところその三（『耶蘇天誅記』より）

何故、古文書の解読に科学の力を使わないのか。島原・天草四郎案件は、ここまで多数の明解な文書がありながら、その信憑性が疑われるのはどの部分か。古文書の解釈について科学の力を応用した形跡が全くない。

経時変化、炭素成分の残量は書かれた時代を一〇年刻みに判定できる。後世の時代に書かれたものであるという疑念は、確実に払拭できると思うがどうであろう。まるで科学の力を避けているのか、古文書の真贋《しんがん》の判定を恐れているかのような扱い方を感じるのは筆者の要らざる猜疑心《さいぎしん》であろうか。

○読者がどうしても知りたいところその四（『耶蘇天誅記』より）

先行学者は何故『耶蘇天誅記』を引用しないで、『四郎乱物語』を多用するのか。筆者が先行学者の多数の著書を読むにつけても、気になったことは、『四郎乱物語』はよく引用されているが、書名の如く「物語」であり、その実態は軍記物である。それに対して、信憑性に欠けるところはあるとされるが、『耶蘇天誅記』は幕府に報告されたれっきとした古文書であるはず。

『耶蘇天誅記』は乱後の聴き廻りの伝聞調査であることや、徳川幕府による切支丹天誅の報告書という特異性もあってか、あまり引用されていない。『四郎乱物語』は郷土史としてうける要素を持ち、ドラマ、小説化され易いが、『耶蘇天誅記』は『沈黙』と同様な切支丹残酷記であるため大衆請けをしない。大衆に反応されない歴史物は学者にも扱われない。これも江戸期に徳川幕府が実践した宗教弾圧に対して、キリスト教弾圧に賛同するが如き学説が跋扈することに、不教養民族日本人のレッテルを塗布されることを嫌ったものであろうかと思う。それはキリシタン史として捉えれば、その要素は全くないとは言えなくもないが、あくまで「島原の乱」は日本史であるということを失念した意見であると思うが、読者は如何に思われよう。

いずれにしても鶴田倉造氏の『原資料で綴る天草島原の乱』の第一文としての翻刻にふさわしい書簡冒頭の入りようである。そして我らの「かつさじゆわん」廻状の考察は大郷土史家の鶴田倉造氏に少しは近寄れたことを、読者と共に共有したい。考察に時間が掛かってしまったが、ザビエルの初期の活動と心情の確信は得られた。

古文書の考察には「時間」・「熟慮」・「忍耐」・「洞察力」が必要なことはご理解頂けたと思うが如何であろう。断らなければならないが、この考察は、筆者の初公開案件であるため、先行学者の域に達していない。未熟なレベルであることを言い訳にしたい。

先にも見たがキリスト教という新教が普及されると、その姿の善し悪しは別にして、いずれどこかで軋轢《あつれき》が起きる。それがどんな形で足跡を残したか無宗教者の筆者には口を挟めない。

筆者は調査で長崎の大村湾近隣、「外海《そとめ》地区」に足を入れたが、心なしか空気が重く感じられた。同地区でも現在、日本宗が盛んであるが、このあたりを中心にして遠藤周作氏の『沈黙』は描かれている。その流れを知ると、とても日本史学は暗記をするだけでは乗り切れないし、思考と熟慮も必要であることを理解され、学習されることに期待したい。

再々、勝手に引用するが、賢者は歴史に学ぶというが、歴史に学ぶ思考は確かに地味な部分もあろう。それは否定できないが、時代考証はむしろ「熟慮型学問」と言えるのではないかと反論したい。「ＡＩ人工知能」を使って考察の実習をさせればよい。歴史学が暗記なんかで対応できないことはすぐにわかる。

☆面倒な流れが続いたから、少し脇道に反れて豆知識を紹介しよう。

読者の皆さんは「隠者《いんじゃ》」にどんなイメージを持たれるであろうか。忍者、忍びの者、くのいち、世捨人《よすてびと》、そして老人あたりであろうか。もしこのような印象を浮かべられるとしたら、日本教育に偏向があるのではないかと思案する。

「隠者」という用語は「静寂」に辿り着く語句でもある。隠者の言葉は古来、中国は遠い時代の前漢《ぜんかん》、七代皇帝の武帝《ぶてい》の時代に、人道、育成の思想のひとつとして日本に輸入された思考である。その延長線上に日本の思考型文学の頂点ともいうべき『方丈記《ほうじょうき》』（鴨長明《かものちょうめい》）、『徒然草《つれづれぐさ》』（兼好法師《けんこうほうし》）、松永貞徳《まつながていとく》（俳諧師《はいかいし》）、松尾芭蕉《まつおばしょう》（俳人《はいじん》）の時代に盛んとされたが、その意味には色々と裏表の解釈がなされて類説も多く付く。しかし、筆者はこの言葉の意味を敢えて正面から捉えたい。隠者とは経験則、高尚な助言、慎重、思慮深い、思いやり、そしてフレキシブルな行動……。耳触《みみざわ》りのよい言葉を並べてみた。然して前漢の教えには斯《か》くの如《ごと》くある。

釈文

小隠《しょういん》は野《の》に隠《かく》れ

中隠《ちゅういん》は市《し》に隠《かく》れ

大隠《だいいん》は朝《ちょう》に隠《かく》れる

＊解説

この一文は、一見だけではその真意は取れない。大・中・小は隠遁《いんとん》の場所を指し、人の評価の例示に見る尺度の基準に見てしまいそうである。ここで言う大・中・小は、つとめて人の評価を為すものではなく、隠遁の修得の水準を示しており、小は普通の隠遁、中はもっと高いランクの隠遁生活を表し、大は一番高い次元の隠遁生活を表す。つまり本当の隠遁生活は賑《にぎ》やか都市でも、自分の行動を慎んで心の平和を保つことは出来るという、思慮深い生活と行動のたとえであろう。学問は言葉の表面だけでなく、すべからく熟慮思考を重ねて学ぶべしということの習いであろう。

これらは筆者の借りもの知識であるが、よいことを学んだ。講義中に留学生から横見で教えられた引用ものである。感謝したい。事象、思考の先には大・中・小があり、どんな喧噪《けんそう》な場所でも、己《おのれ》が立つ位置を知り置けば、大きな境地にも立てるとする歴史学の教えんとするところであろう。確かに日本の歴史学は派手ではないが、思考を重ねＡＩ・スマホ並みに思考して、一歩前に出られることを今日知った。読者の皆さんは筆者と一緒に日本の歴史に学ぼう。

案外、宗教の出処は隠遁者の静寂にして、正しき心を求める感性から出たものかもしれない。

「島原の乱」はここまでの文書を頼りにすれば、百姓一揆よりも宗教色の強い一揆とみえる。

第二節　キリシタン大名（切支丹大名ではない）の足跡

次にキリシタン大名を見ることにする。大勢いる中の五大名ほど紹介する。彼らのなした役割は大きい。我らの手作り年表を見よう（二四〜二七頁）。例によって『国史大辞典』での知識を捉える。キリシタン大名の数は、往時に於いて五〇人（藩主）に近いとある。高瀬本によれば六十一人とあり、また別史料によれば八九藩という記述もあるが、その数の違いは、石高が一万石を超える藩主を大名として数え、それ以下の旗本、御家人クラスは計算外という見方であるが、論点はそこではない。学術として前に進んだ状態であるかどうかということを議論すべきだと思う。

早速解釈しよう。このキリシタン大名の解説はややこしい。ここでは、番号を付記して説明をする。順を追えないときはそこで一休みして、理解できたら進むくらいでないと、混乱するところである。

★大村純忠《おおむらすみただ》　天文二年～天正十五年（一五三三～一五八七）永禄六年、日本で最初のキリシタン大名となる。

戦国時代から安土桃山時代にかけての大名。織田信長と同時代の武将。永禄六年（一五六三）二九歳で、クリスチャンとなる。父有馬晴純《ありまはるずみ》の次男として生まれる。有馬晴信《ありまはるのぶ》の叔父。嫡子は善前《よしさき》。純忠は次男であったが、兄貴明《たかあき》を差し置いて、三城《さんじょう》の城主となる。トルレス神父の洗礼を受け、ドン・バルトロメオというネームを授かる。

大村純忠の領土は、周囲の敵を知らなければ、純忠の心理状態が理解できにくい。

大村純忠が耶蘇徒（切支丹）に与して寺社を破壊したのは、その頃、北に龍造寺隆信《りゅうぞうじたかのぶ》、後藤貴明《ごとうたかあき》、西に松浦鎮信《まつうらしげのぶ》、東に西郷純堯《さいごうすみたか》と領土を敵に囲まれていた。そのうえ肝心の領内の統一もでき兼ねている状況であった。一族の中に敵に通じる者も出て窮地に陥り、兵糧・武器にも事欠いた。そのため策を巡らして耶蘇になったふりをし、教会の望みに応じて寺社を破壊し、僧徒を追い払い、教会から金銀財宝を巻き上げて、兵糧銃器を備えた。つまり忠純の耶蘇改宗は〝禦《ぎょ》敵《てき》之《の》謀《ぼう》計《けい》〟(敵から身を防ぐためにやや無謀な計画を立てること)であったと文書に残る(『大《おお》村《むら》郷《ごう》村《そん》記《き》』より)。

① 義兄の貴明は妾腹《めかけはら》のため、隣国後藤家の養子となって有馬を出る。その貴明の背後には強豪の龍造寺氏がいる。大村純忠は有馬晴純の次男であったが大村家に養子として入る。先に見たように、もう一方の平戸方面の接点は松浦鎮信がいる。やや孤立無援の状態であったことを理解しなければ先に

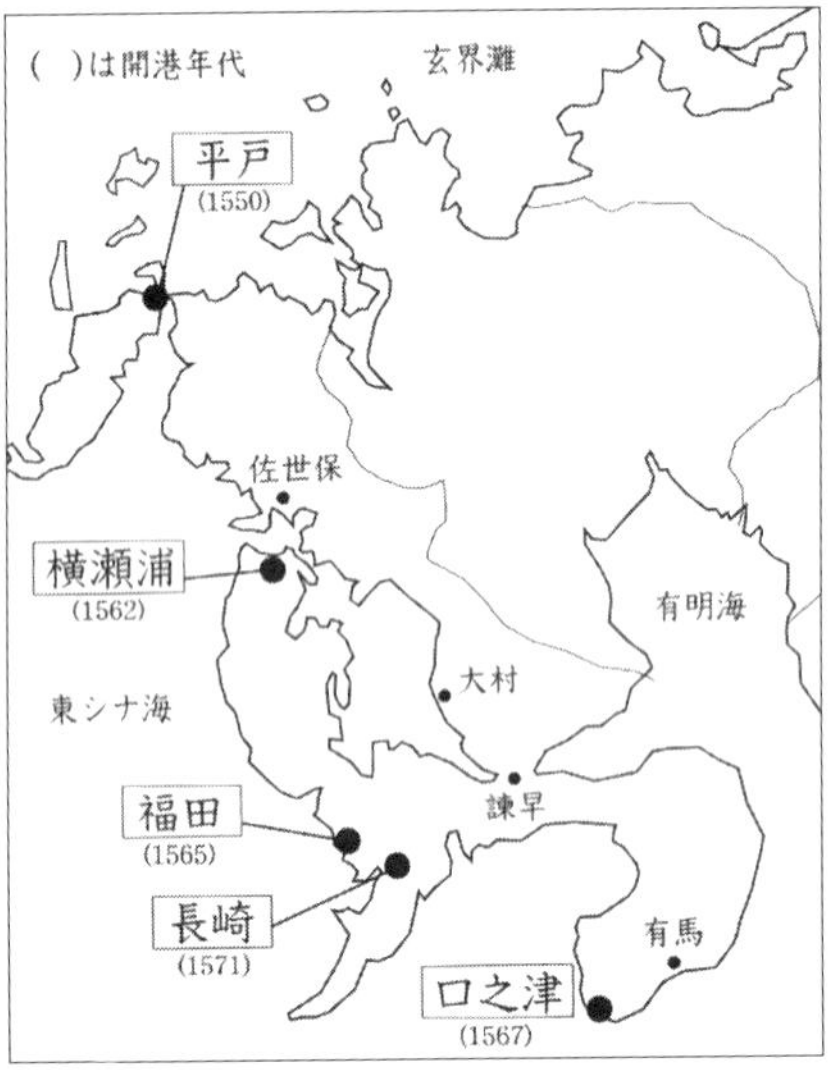

南蛮貿易が行なわれた港の位置図
(大村市教育委員会提供)

進めない。つまり、有馬晴純、大村純前《すみさき》の実子たちは二人とも城主として、実父以外のところに出て城主となっている。

②　この事実を知ろう。跡継ぎのいないところは城主であろうと何であろうと、養子を貰い娘婿を取らないといけない。この結果、隣国同士で並びながら、必ずしも仲の良い付き合いが出来るとは限らない。正にこの後藤貴明が長男で純忠が次男。然も腹違いの妾の子供。隣同士でも予測が立てられない。この先どうなる。結果は大村純忠の方がキリシタン大名になって、領土も武力も揃えることで体制が固まった。

③　後藤貴明の家臣は大村純忠の家臣と情報を交換し合い、後藤家もキリシタン大名になるべしの声が貴明に聞こえ互いに牽制し合った。

然も後藤貴明には更にその背後に龍造寺隆信がいる。往時の大村純忠は、城主と言えども周囲は敵ばかりということを、取り敢えず認識して頂けたであろうか。

④　とにかく戦国時代の領主は、何時、どこから内通され、裏切られるかわからない。

⑤　兄弟でも親でも安心できる関係ではない。出来るだけ近い実子を沢山持つしかない。

⑥　下剋上というのはこんな状態のこと。

⑦　日々の暮らしは殺し合いでも普通の仕事。何時、誰から毒を盛られるかわからない疑心暗鬼の信じられない生活に何を頼りにして生きるか。神社仏閣でも情報は洩れる。敵か味方かわからい。

⑧　神も仏も自らが聖人になるように、修行を求め、ことある度に自己の至らなさを諭される。

⑨　日々、悪夢にうなされる。それに比べデウスの神は懺悔によって心のうちを聞いてくれるし、個人を責めない。

⑩　その上に貿易で武器弾薬もくれる。

⑪　この際、キリシタンになるのも賢い選択。

この辺の流れがキリシタン大名の本領である。

これは筆者の感覚で読んだ、戦国大名のキリシタンに改宗の一因ではないかと推量する。こんな解説は一般的には書かれない初歩の話であろうが、わかりそうでわからない筋の話ではないかと失礼を承知で並べて書いてみた。以後の有馬晴信、直純、大友宗麟の戦慄の日々の心境が理解し易い。充分、先を読める読者は飛ばし読みをされたい。

大村純忠は領内に切支丹屋敷を置いていた。そして神社仏閣焼き打ち、殺害を限りなく尽くした。この時大村領内の切支丹は五万人を超えていたといい、領内にはキリシタン町も用意され、横瀬浦《よこせうら》の港はポルトガル船の入港は自由にされていたという。もっともこの五万人は大村領民数から見れば切支丹新教徒が多過ぎるような気がする。

筆者は横瀬浦の港跡を調査した。静かだが狭い入り江であったことが印象的であった。この港を舞台にして、ポルトガルの布教と貿易の両面作戦の第一歩とする、イエズス会の実験台であったのであろう。

大村純忠も緊張して色々、現世という領主の表舞台を走りまわったであろうが、宣教師のトルレスも初めての実験舞台であったと思う。神社仏閣の焼き打ちは全て、「純忠自身で実行した行為」という説がある。そんなことはあり得ない、それは如何にも受け狙いの管見学者の説でしかない。

大村純忠がその判断を自らして、先祖伝来の古式を破り関係者を焼き打ちするような日本人ではない。キリスト教の唯一神教の布教でしか考えられない瀬戸際の判断である。

筆者は異論のあるのを承知で強弁を吐くが、ここらあたりの説明は素人好学者の弁。

その程度に留め置かれたい。これで信徒が五万人なら、トルレスは即、本国に大成功の報告であろう。もっともレポートはフロイスの役かもしれない。

後に、横瀬浦港が後藤貴明によって打ち焼かれたため、純忠はトルレス神父たちの身柄を危険に思い、近くの長崎にポルトガル船用の港を開港して、トルレス神父に長崎地区をプレゼントする。この横瀬浦港の焼き打ちは、大村純忠の家臣の裏切りと後藤貴明の意趣返しの行為であると史談会の識者は語る。この事実を見ても大村純忠の領民が全て、切支丹化したと語る学者は少ない。語るスペースがないからか知識がないのかわからないが、誰からも語られねばこれも日本史から外れて、キリシタン史だけの歴史学になるのではないかと、浅学の筆者は要らざる思いを巡らすことになる。

大村純忠は天正十五年（一五八七）、秀吉の九州平定に従軍して本領を安堵され、同年五月十八日に没した。この純忠の一族の系譜の複雑さと、戦国乱世の生き方が仏教、神道を超えた境地に追い込み、キリシタンの名を拝名することになったのではないか。この大村純忠の三城《さんじょう》城《じょう》領内の出来事が、日本最初のキリシタン大名の姿であったという時代の流れを理解しておきたい。

九州西南部キリシタン大名の図
島原・天草の乱関係要図（神田千里『島原の乱』より）

いま少し続ける。この純忠はトルレスに長崎港を開港して与えたことはすでに見た。その上に「茂木《もぎ》」の領地まで寄進した。このことはトルレス神父にとっては強い自信となった。純忠から寄進された茂木は長崎半島の峠を越した、波静かな港である（現在の長崎市茂木町）。この茂木の港の対岸には島原半島の有馬旧領の加津佐港がある（一三九頁地図参照）。

読者の信用を得るために筆者は適切な文献を探した。このキリシタン史について右に出る学者なしといわれる人物の文献を見つけたから紹介する。

「（前略）またカズサとは、島原半島南端に近い加津佐にほかならず、ポルトガル船が入港する口之津がすぐ近くにあり、当時はイエズス会の日本における上長は加津佐に駐留していたとあった」（『フロイスの日本覚書　日本とヨーロッパの風習の違い』松田毅一／E・ヨリッセン共著　中公新書）。

歴史学にもしもはいけないと言うが、いずれにしても、大村純忠とイエズス会のトルレス神父の出会いがなかったら、日本史に於けるキリスト教の布教はまた違った歴史が喧伝されていただろう。細かいことであるが、ポルトガル船が茂木沖に停泊せず、長崎沖に停泊していたら天領、長崎奉行の管轄であり、幕府に於ける直轄地管理がなされ、また違った展開になっていたかもしれない。少なくとも長崎港の近辺に居住していたら、天草四郎時貞は原城での籠城作戦を取っていたかどうかわからない。これは紛れもない仮説であるが、信憑性のある仮説であろう。世はまさに、太閤殿下の統一政権と囃し立てたてていたが、この蜂起事態はいずれどこかで起きる、偶然のような必然である。

★有馬《ありま》晴信《はるのぶ》　永禄十年～慶長十七年（一五六七～一六一二）　肥前《ひぜん》日野江《ひのえ》藩初代藩主大村純忠の甥。妻は大村純忠の姪を娶《めと》る。　洗礼名ドン・プロタジオ。

＊数奇な運命、四度《よたび》の改名の理由。

　前述の隣国の龍造寺隆信（当時の九州地区は、龍造寺隆信と大友宗麟、そして薩摩の島津義久《しまづよしひさ》の三軍が占めていた）の背後から、大友宗麟より牽制の援助を貰い、以後大友宗麟の同盟国として契り、そこから宗麟の諱《いみな》である一字を貰い請けて鎮純《しげずみ》と改名。同じく大友の要請で鎮貴《しげたか》と、再び改名を強いられる。その後さらに、薩摩の島津義久から援軍を借りたため、同様の仕儀にて久賢《ひさまさ》、そして同じくまた晴信《はるのぶ》に偏諱《へんい》させられた。これは隣国からの領土侵攻を防ぐために他の有力大名から支援をしてもらったときに、それ以後同盟国になる証として偏諱を迫られ、その一字を貰い請けた結果、四回の改名をせざるを得ないことになったという、これも又戦国時代の歴史上の厳しい現実であることを認識されたい。下剋上の時代は、生き抜く団塊の弱小氏族にとっては、とりわけ厳しい人の世である。読みどころが増えたから先を急ごう。

晴信は先に案内した大村純忠の兄弟の子、つまり姪の婿。義理の甥にあたる。前にも解説したが、ややこしいところは沢山あるが筆者に付き合って頂きたい。

この大村純忠の姪を娶るということは今なら近親婚（往時のいとこ婚問題は無）である。こんなことは珍しくない。古くは『源氏物語』にもある。近場で間に合わせる縁組は、スリルを呼ぶかもしれないが裏切りは少ない。近親から嫁を娶るということと、跡継ぎを産することとは同義語ではない。どこで死ぬかわからない。側女を多く置き、男子を多く作ればそれだけ血筋は濃い。

とにかくこの時代は、一番近い血縁を頼りに模索することが全てで、他に確かな連携はない。少し歴史を遡れば、応仁の乱。その後の織田信長の時代は、子が親を殺し、親が子の息の根を絶ちするが如くは何でもない時代であった。フロイスが本国に、「日本人は女性《にょしょう》と戦争が好きな国民」だと判断していたことは、その時代の状勢を的確に捉えていて、必ずしもデフォルメされたレポートばかりではないことについては訂正したい。

ここで話を改めよう。

この有馬晴信の数奇な経歴は切支丹がらみの事情で、後世の史料から削除されたと思われる事項も多い。従って正確な家族関係は判明していないとある。この点が筆者には気にかかる。やはりキリシタン学問について日本の学者はどこかに遠慮がある。「島原の乱」は旧有馬領から始まっている。この削除されたというこれらの前文のありようが、島原だ、やれ天草だと言われ、曖昧にされている歴史感覚と酷似してはいないか。この削除の行為がどの段階で、誰によってなされたか不明とされている。そこを削除することで日本の歴史学にどんな影響があったか知らないが、それはただ、日本史を複雑にしているだけではないか。二一世紀のこの時代でも隠しきらなければならないのか不思議である。ここから竹島《たけしま》（韓国）、尖閣《せんかく》（中国）問題まで話を広げると行き過ぎたことであろうが、日本史学の中にはできるだけ外部の判断に影響されない、独立した解釈をして、追記として外部からの見識を付記するという姿勢が望まれるとよい。付記であっても虚記とすべきではない。

この有馬晴信一族の流れの不安定環境が家臣たち（原城での籠城を決意した牢人たち）の不信感の源にもなったかもしれない。自分たちの生活は自分たちの手で守るという覚悟と感情のなせるものとみる。晴信の嫡子、有馬直純の日向転封のとき、藩主の意見に拒絶して旧有馬藩（往時の松倉藩）の地域に残り、百姓の傍ら日向に藩主有馬直純に同行しなかった後悔と懺悔《ざんげ》の日々。武士たるもの、生きて主君や同胞に合わせる顔もない。これが切支丹一揆と農民一揆に便乗的な助成をしてしまった牢人たちの真の姿ではないか。彼らの心境は自分たちの絶対服従、追従の関係を絶ち、背を向けざるを得ない虚無感が、農民と切支丹の双方の根源に相乗りをしてしまった。後には戻れない、言葉にならない、食い詰め牢人たちの心情の嘔吐《おうと》と断末魔《だんまつま》だったと筆者は確信する。

伴天連たちの普及活動は領民の心と心の隙間を狙った過激で急進的な行動であった。この流れで完全な軍記物になってしまったのであろう。これは誠に押し付けがましい歴史観であるが、読者の皆さんには再びお許しを頂きたいがわかり易い進め方と自負する。

いずれにしても、大村純忠、有馬晴信の両人の存在と行動がなくしては、天草四郎時貞（益田四郎時貞ではない）の出番はなかったろう。それは今、教科書から消えなくても早晩消えることになる。

★大友宗麟義鎮《おおともそうりんよししげ》　享禄三年～天正十五年（一五三〇～一五八七）。戦国時代から安土桃山時代の大名。洗礼名ドン・フランシスコ。

まず、大友宗麟（大友義鎮）の出自を見るが、以後、本書では大友義鎮の表記をする場合は全て大友宗麟とする。別に理由はない。筆者がキリシタン大名を調査していくうちにその名前が好きになったという、極めて個人的な理由でしかない。

この大友氏の話は長いが、ここまで知る読者には敬意を表したい。

大友氏は鎌倉時代から南北朝時代にかけての大大名。父は二十代当主大友義鑑《よしあき》。豊後府内を本拠地として、最大の領地を持ったときは、九州の半分くらいは手中にしていた。残りの半分は薩摩の島津義久であった。その後、肥前佐賀に龍造寺隆信が隆盛し、大友、龍造寺、島津と三分した。そして、豊臣秀吉がおおかた日本国を制覇して太閣職と関白職を手に入れ、統一政権らしくした。らしくとは気になる言いようであるが、まだ地方には本心から豊臣政権を支持していない大名もいた。越後の上杉や、薩摩の島津も自ら、秀吉を倒して天下取りを考えていた節があるやの噂も残る。

大友一族は既に述べたように、そこら辺の大名とは血筋が違う。代々重ねた歴史四百年の足跡。遠くは鎌倉時代に及ぶ話であるらしいが、中世よりも先になると全くお手上げであるから、筆者は敢えてそこには触れない。とにかく凄い一族である。ここはそれだけでよい。

この大友宗麟の講釈については特別の史料を用意した。『アジアン戦国大名大友氏の研究』（鹿毛敏夫《かげとしお》　吉川弘文館）を部分的底本とする。

鹿毛氏の文献は浅学、管学の筆者にとっては覚醒の感があった。やや興奮気味に解説する。

大友氏は何度も言うが四百年の間、日本の歴史の一部を支えてきたということである。宗麟は毛利元就の三三歳年下であり、織田信長の四歳、豊臣秀吉の七歳年上である。こう説明すれば想像はし易い。家系の凄さはさておき宗麟の時代的地位を確認しなければならない。読者の皆さんも恐らく初耳学の範囲であろうから、一読でよいから学んで欲しい。そこで皆さんの日本列島の歴史観は少し修正されねばならない。

近世学が華やかな一面を持つところから、テレビなどの情報網で語られるのは、関東は江戸を中心にしたものが多い。それはそれで多数の文書が証明しているから否定するところではないが、徳川家康が江戸に幕府を設営する少し前は、歴史の舞台の中心は上方と西国の地域が中心であったことを認識されたい。筆者は尾張名古屋に生まれたが、その歴史背景には常に郷土の三英傑信長、秀吉、家康がいる。従って発想は中部東海中心の感覚が脳裏をよぎる。然し、もう少し歴史の舞台を遡れば、上方、九州が中心となったことを知り置くべきところで、むしろ関東の影は薄い。更にその前に行けば北陸は北前船の関係で越中、越後、越前にシフトを置いた時代もある。故郷《ふるさと》自慢はこれくらいでよいが、日本の表舞台は、諸外国から見れば上方よりも九州が窓口として大きな存在であった。歴史学の専門家は充分にご承知の見識であるが、一般読者には中々、馴染めない感覚であろう。

日本の外交、交易の件については前にも述べたように、大陸の中国、朝鮮、たまに東南アジア、そして、今回のサブテーマである、イベリア半島の重商主義とイエズス会の布教戦略に関してみれば、その主力は九州であったことが明確に証明されよう。この九州が舞台であった時期は一時的なことであるが、鹿毛氏は明確にその時代を捉えた説明をされているから、敬意を表して引用する。

一六世紀の日本列島の歴史は大名の抗争から統一という、半端な単一のベクトルでは把握しきれない地政学的条件が内在していた。

その同緯線地域のひとつである九州の地では、ヨーロッパ人に本州とは異なる国との錯覚を起こさせるほどの地域性の豊かな政治や政策、外交が行われていた。

その九州の豊後（現在の大分市）に本拠を持つ大友宗麟の解説文で筆者は得心したところがある。豊後の歴史的立場を説明する。歴史用語に「豊後府内《ぶんごふない》」という表現がされている。ここで読者に確認したい。「府」とは行政区画のひとつである。現在は大阪府、京都府がある。他に「物事の中心となるところ」「みやこ」「執政を行うところ」とある。結論としては、大きな機関の行政を行うところということである。江戸時代には府中と言えば江戸市中であり、京都（洛中）も上方大坂も府とは言われていない。であるにも拘らず、豊後は府中と表記される。これは今では「その面影もないがこの時代としては府内に五千軒の家屋が軒を連ね、その各町々に『おとな（村内世話役）』が存在していた」とある（大友家文書十、十一大分県史料）。これは当時、統治統制に行政の区分がなされていたスケールを証明する。

やがて一六世紀末、豊臣政権（日本史上初めての統一政権）の登場により、国際性や海洋性といった地域社会の特性が次第に押さえ込まれていく。これは統一政権（豊臣、徳川）による外交と貿易の独占という時代の流れもあって、今はその名残がなくても豊後府内という歴史用語は使用されることは珍しくない。然し本書の表題である「島原の乱」についての幕府は、情報基地としてこの地の存在は確認されている。「島原の乱」の江戸幕府の情報基地の所在を確認しておこう。

島原〜豊後府〜姫路岡山〜京都所司代〜江戸幕府の情報の経路として重要な中継地であり、今でも関連性のある文書の存在は確認されている。ここが理解できないと島原事件と切支丹案件は理解が遅れる。岡山藩には数多くの幕府文献が残されている。これは中々の豆知識のプレゼントであると自負したい。筆者はもう少し宗麟について語りたい。

宗麟は「九州大邦主《きゅうしゅうだいほうしゅ》」と呼ばれていた歴史を示そう。

○大友宗麟の外交

宗麟は、自らの使節を南シナ海域の「南蛮」国へと派遣し、カンボジア大王の信任を得て交易活動を実施していた。その交易譜を「金書《きんしょ》」といい「銅銃《どうじゅう》」、「蜂蠟《はちろう》」の物的資材に限らず、「象簡《ぞうかん》（象使い）」「鑑匠《きょうしょう》（細工職人）」の人的な資源も導入していた。これは日本を含む、環シナ海域の交通圏の一角に位置する九州に領地を有し、大船を建造する技術と財力を持ち併せていたことを物語っている。更に直轄の水軍を軸とした領国沿岸部の海上勢力を組織しうる政治力と軍事力を保持する、領主の大名経歴（守護、戦国）の伝統と九州の盟主としての伝統的矜持の特質の為せる業と言えよう。他に大友一族は隣国の中国にも使節を独自に送り込み交流している。その外交の足跡を見よう。

＊第一回目

大友氏第二十代領主　大友義鑑《おおともよしあき》　天文十三年（一五四四）

相手は明の世宗であり、『大明世宗実録《だいみんせいそうじつろく》』（朝鮮王朝ではない）にある。この事実は実質的な倭寇《わこう》的密貿易であったようである。

＊第二回目

大友氏第二十代領主　大友義鑑　天文十五年（一五四六）

曰く、義鑑が室町幕府より勘合を受けて、使僧を遣わしている。これは一六世紀の前半期に大友氏が対明交渉として足利幕府の代行をしていた明の冊封体制《さくほうたいせい》に合わせた外交をしていた証でもある。

＊第三回目

大友氏第二十一代領主　大友宗麟義鎮　弘治元年（一五五五）

宗麟によってなされた使僧である。名を清授《せいじゅ》。これも『大明世宗実録』にある。

この時代明国は海禁政策をしていた。このとき、明国から使者として鄭舜功《ていしゅんこう》を日本に送り、中国沿岸を荒らしていた倭寇の存在に手を焼いていたことを訴えるために豊後に来て、大友宗麟に対して倭寇の取り締まりを要請していた。それに対して九州のチャンピオンの大友宗麟は曰く「近年中国沿岸で海禁を破って密貿易をしているのは、中国の姦商《かんしょう》が日本人を呼び寄せて、行っていることを私は知らなかった」と答えて宗麟が

「謝罪《しゃざい》」したと記録されている。このことは明国からしてみれば、日本の「倭寇」的活動は大友宗麟を通して管理統制できる相手と看做《みな》していた証左である（『アジアン戦国大名大友氏の研究』一七六頁）。

これは単に大友一族が伝統ある地方の大名というだけでなく、日本国に「天皇一族（京都）」と九州大邦主（大友一族）の二人の国王がいたということであり、イベリア半島の国王と、近海諸国は情報として共有していたという、日本史の事実として学ぶべきと認識しなければいけない。これは暗記学問とは遠いところにある知識である。

大友氏は四百年の伝統と一口に言うも、鎌倉時代から室町時代を乗り越えた家系はない。細川家でも三百年。運もあろうが人材にも恵まれたということである。

これ以上、語れる知識は筆者にはないからここらあたりで次に移ることにする。

★**黒田《くろだ》勘解由《かげゆ》長興《ながおき》**　慶長十五年～明暦元年（一六一〇～一六五五）

江戸時代前期の大名。筑前秋月藩の初代藩主。黒田長政の次男に当たる。実兄の黒田忠之《ただゆき》は本家黒田藩の藩主であるが、長興とは不仲で父長政の計らいで分家をし、元和九年（一六二三）筑前の秋月（現在の朝倉市旧秋月藩地区）に五万石の領地を持った。長興は生来、真面目の一辺倒であってどういうわけか、藩営の歴史文書にも記録が少ない。藩主自ら政務を監督していたため、実務記録の保存は不要ということであったかもしれない。

ところが、理由があって、筆者が秋月城跡の秋月郷土館を調査のために訪問した。そこで大変貴重な情報を得たので、読者に報告しよう。これからの一文は確かな話で、秋月の高齢者と関係者以外はあまり語り継がれていないということを承知でご一読して頂きたい。

○秋月藩、全員参加の「島原の乱」（寛永十四年・一六三七）。

秋月藩主の黒田長興としては本家の黒田藩に付随して、島原の乱に領民挙げて参戦した。この表現に違和感を持たれる読者も多いと思うが、最後まで読んで頂くと理解できよう。

この時の秋月藩は五万石のため、援軍の使役は百石に付きふたりの割り当てであるから、千人の動員で良かった。それにも拘らず実際には二千人の兵士を従軍させた。これは大変な負担増である。戦である以上は生きて帰る保証はない。それでも秋月藩は積極的に参戦した。これには秋月藩ならではの明確な理由があった。ここは想像を逞しくして読んで頂きたい。

筆者はここの秋月郷土館に立ち寄り、その歴史を尋ねた。秋月藩の城下町は筑前の小京都として語り継がれ、そこは観光客が並ぶことで有名である。桜の季節に立ち寄ったが、秋の紅葉も今風に言えばインスタ映えする景観ばかり。この表現は納得する。町中に清流も流れる、巨大な箱庭の風情である。観光ガイドはこれくらいで歴史を見よう。

ここの博物館には有名な金屏風《きんびょうぶ》がある。この金屏風には黒田藩の二千人が列をなして行軍する姿と、それを見送る秋月の領民衆の姿が見事に描かれている。この金屏風の姿を余すところなく写し撮っている歴史ガイド本(『絵で知る日本史　島原の乱図屏風』集英社)があるから、余裕の持てる読者はご覧頂きたい。

旧秋月藩地区には神社仏閣が多い。この神社仏閣の多い理由は後に判明する。その中の由緒ある寺に訪問した。そのときの住職と筆者による談議と思われたい。住職と宗派は秘匿《ひとく》とするがその時代から存在した。他にもそんな宗教屋敷は珍しくないらしい。

この秋月黒田藩は藩主の長興をはじめ、全ての領民が隠れキリシタンであった。この藩の本家からの分藩は先にも見たようにキリスト教に対して禁教令が出ており、それに反攻した叛乱軍と戦うために本家に併せて行軍している。その時点では同じキリシタンとして、デウスの神を拝した生活をしている。いわば、この秋月藩の行動はキリスト教信者の裏切り行為である。本家の長政、黒田忠之は改宗しておりキリシタンではなかった。恐らく長興も一時的には棄教していたのではないかと想像する。然し領民と藩主の選んだ判断は隠れキリシタンの道であった。このような条件下であったから、藩主以下の全領民が心情を隠したキリシタンであり、この集団的密約の前には誰かが、誰かを裏切ることは許されない、共謀共同正犯の事情である。従って島原の叛乱軍への殲滅作戦は、素性を明かせない極秘作戦であると同時に、自滅作戦の行動である。それから今日までの成り行きと展開は、詳しく聞けなかった。だが秘話は続いた。この寺の住職が現在の檀家を集めた法要のとき、その席で酒が振る舞われ、そして必ず出る話が、島原の乱の終了後も、秋月藩の隠れ信徒たちの極秘行動が伝統的にこぼれ話として語り継がれているという。

それはその時代に藩領内の山奥の中に隠れキリシタン専用の礼拝堂が建てられていた。その礼拝堂の所在を極秘にするために、その方向を向いて十字を切り礼拝をすることは誰一人として許されなかった。而《しか》して、この寺の住職だけは仏法衣を着ていながら、平然とその礼拝堂の方角に向かって堂々と礼拝をしていた、ただひとりの裏切りキリシタン信徒であった。その責任の所在を平成の今日に至っても、先祖の罪を現職の僧侶に対して詫びて釈明せよと毎回責めイビリ、酒のつまみにされているらしい。もう大変ですよと言いながらも、どこか自慢げな、語り口であった。当然、他の寺社の僧侶、神主の全てが隠れキリシタンであったと語る。

この話を語れる市民は殆どいない秘話であるらしい。ここ秋月郷土館にある金屏風の行軍の様子と、それを不安げに見送る領民の絵図はいずれ重要文化財に指定されるであろう。

更にこの金屏風絵図には島原の乱の城内にいた、唯一の生き残りと言われている山田右衛門作の縛られた姿と、籠城叛乱軍の中のおんな子供たちの自害と殺害の死体の状況が描き出されている。この金屛風は左右の二隻《せき》になっており、右隻の「出陣図《しゅつじんず》」は秋月藩御抱絵師《おかかええし》・木付要人《きつかなと》の筆による。寛永十五年（一六三八）の合戦の状況が描かれている。他方の左隻の「戦闘図《せんとうず》」は同じく御抱絵師の斎藤秋圃《さいとうしゅうほ》の筆である。これは二百年後の幕末頃の作品であるところから、黒田長興の秋月藩領の秘め事は守り切られ、その無事を認めて安堵した全員総意の記念作品と言われている。

＊次の話は同じ秋月藩に残されている「黒田長興一世之記《くろだながおきいっせいのき》」について。

ここにも秘話らしき記録が見られる。この記録には「島原の乱」蜂起の直接の事件となった口之津の農民一揆の状況が詳しく書かれている。この記述が蜂起の直接の事件であったことは、幾多の先行学者諸氏に採用された文書であり、異論は見られない。問題はどうしてこの情報が秋月黒田藩に、唯一残されているかということの考察である。これも周囲の協力を頂き、筆者なりに結論を結び終えた。

まず、その直接の事件の様子を説明しよう。

平たく口語で見る。これは松倉藩の苛政の実態を表す文書として、先行学者がよく引用しているから、既にご存じの歴史愛好家もあると思うが、その出自まではどうであろう。
（前文略）口之津村の豪農、与左衛門《よざえもん》の「未進米《みしんまい》」三十俵を取り立てるために妊娠中であった与左衛門の嫁が水籠に入れられ、責め立てられた。そして、嫁は死んだ。嫁は腹に子供を孕《はら》んでおり死産になった。これに怒った与左衛門は「頭百姓《かしらひゃくしょう》」や天草にいた嫁の父親と合議して代官を責め殺害した。この一件でその地区は切支丹が多く、農民は残らず切支丹となり、総勢は七百人を超える一揆集団となった（後略）（「黒田長興一世之記」）。このとき、与左衛門は切支丹信徒であったかどうかわからないが、一揆集団の先頭にいたことは事実であろう。ここらの語りは実は重要である。文献にある切支丹信徒数の確信はない。郷土史研究家には異なる意見もある。

ここで少しこの文献（「黒田長興一世之記」）がどのようにして、秋月藩から遠く離れた口之津の事件を伝えたかについて、色々な方面の郷土史の情報を聞き留めて判明した。秋月藩の家臣の実家に書き残されていた「小川左近《おがわさこん》の実家《じっか》蔵島原一揆談話《ぞうしまばらいっきだんわ》」が後世に於いて黒田家に寄贈されたものであることが判明した。

ついでだから怪しい一文について解説しよう。松倉の「苛政」はどんなものであったかという尺度を、浅学知識の範囲であるから、その程度でご理解頂きたい。

元々島原藩の石高は四万石くらいであった。この石高は正確な尺度があったわけではない。そこで松倉は旧有馬領の原城から居城を島原に移して、十万石級城主の城を新築した。この時点で幕閣にも疑問を持たれていたが、松倉は幕府の印象をよくするために無理をした。何故無理をしたか。この背景にはポルトガル交易で財政を潤したキリシタン大名の話を過信したのであろう。松倉重政の最初は動機不純ではあったがキリシタン大名であった。そのキリシタン大名から日本宗へと、十万石高の大名への変わり身は早い。七年超しの年貢未進を強制苛酷な取り立てをしたものという先行学者の文書に多く、この苛政が一揆乱の全ての原因というが、筆者には少し違和感がある。未納であれば七年でも一〇年でも納付義務は残ろう。農民の生産事情が困窮を極めていて、徳政令などを発令して凌ぐような政策は望まれたが、この時代の税制、対策を語る先行学者の文献は見ない。とにかく、「松倉《まつくら》悪人説《あくにんせつ》」でまとまり、文系学問の「立場換えれば見方も色々」という学術的論調はここでは全く先の見えない論理でしかない。筆者も松倉の良いところは知らないから偉そうには指摘できないがそれでも三点ほど、不明な論点を探ってみる。

○解説されない論点その一

松倉の苛政と言われる税収一辺倒の取り立て作戦は切支丹にだけになされたものか、それとも領民全部に実行されたものか。巷間伝わる如く領民全部に実行したら、領民は半減する。それでは天候が回復しても、年貢を取り立てられないことになり藩政が崩壊する。この事態を想像して具申できる松倉の家臣はいなかったのか。

○解説されない論点その二

凶作は三年越しで全国的な規模という解説はあるが、藩主として領民を痛めつけても人手不足で米の生産を増加させる計画は立たない。松倉は単なる共謀無策な藩主であったとの結論でしかない。松倉の表面的な批評はあっても学術的な深耕が見えない。城の増築、改築は不穏の兆しと見ることもできる。

○解説されない論点その三

松倉の苛政を徳川幕府は知らなかったのか。神君家康公は「百姓は生かさず殺さず使え」の謹言を残している。百姓がいて初めて封建体制・徳川幕藩体制が堅持される。ここまで対策に欠ければ幕閣・大老の責任はないのか。知恵伊豆の松平信綱と柳生但馬守は、全国凶作に対する政策を打てなかったのは事実か放置していたのか。公儀隠密は情報を持ち込まなかったか。そこを見た学者の声は残っていない。

更にもうひとつ例示しよう。三年続きの凶作で米が不作という状況であったが如く言う文献はよく見る。この時の全国的な不作凶作は当然のように語られているが、全国凶作とはどんな状況であったか推量してみる。それを語る文献も少し見たが、この島原半島での凶作（天草は農業不適用地が多い）の状況を郷土史研究家と、そこに永代生活をしている住民に聞いた。島原半島の島原市より半島の根元部落の山田地区（一三九頁参照）までは、それほどの凶作であったと先祖から伝え聞いてはいないとあった。米が不作でも稗《ひえ》、粟《あわ》、芋《いも》、野菜もある。具体的に三年も連続して凶作であったかは示す文献がない。筆者は以前に、『鯨定之事《くじらさだのこと》』なる抄本を刊本した。そのときの調査体験から見た知識では、不漁が三年継続することはあまりない。今日の人工的な漁業ではない。自然の恵みを受け、その恩恵を八百万の神々に感謝する、「日本宗」の教えで生きる漁民に対してのみ、特別に選別して不漁にするというピンポイントの天罰があるとも思えない。

ところが、天草から来たという若衆が、島原に船団で上陸して呪文《じゅもん》と説教をしたら、その翌年から鯨（スナメリ、イルカの類）が豊漁になったという。皆、この驚嘆すべき事実を見て切支丹に改宗したという文献を引用される学者も多い。鯨は海中にあってキリシタン信徒と日本宗の信徒を区別して泳いでいるのかと思うが、このような語り口で文書名も記載されているから、全くの不実とは言わないが、たとえ鯨は捕れなくても有明、天草の海は今でも宝の海と言われ、鯵《あじ》も鯖《さば》も貝類も多い。海は何かが捕れる。商売でなく自営の漁業であれば餓死するようなことにはならない。農作地として不向きな天草（農地として不向きの文献あり）であっても、漁業には適した海が多い。今日でも天草は漁業の町として、広く観光客を呼んでいる。イルカが観光船を追いかけている姿をよく見る。

島原、天草では百姓が漁業に転職してはいけないお触れでもあったのか。殲滅覚悟《せんめつかくご》で籠城作戦に参戦するほどの状況ではない。誰かに扇動された悪しき結果ではないかという推論は暴論であろうか。筆者は素直になれない不信を抱く。読者はどうであろう。ついでに示すが、漁業民は「士農工商」の階級の身分で見れば、農民人口として扱われていたことはご存じか（事実上は殆ど自給自足の兼業）。農業から漁業に転職してもなんら罰はなかろう。

筆者はここに大きな疑問がのこる。松倉親子の統治不備、失政については異論を挟めないが、島原藩（旧有馬藩中心）領民たちは彼らの虐待政治に対して、唯、耐えるだけではなく、「逃散《ちょうさん》」するという逃亡手段の選択肢は全くなかったのか（松倉親子の統治期間は二十二年間あった）。歴史学で逃散という用語は中々見ないから、ここで少し触れておきたい。

＊「逃散」とは中世かつ近世にかけて行われた農民の抵抗手段、闘争形態である。そこを詳しく語る参考文献として（『逃げる百姓、追う大名』江戸の農民獲得合戦　宮沢克《みやざわかつ》

則氏《のり》　西南大学教授、中央公論新社）を紹介する。宮沢氏は自著で「逃散」とは言わず「走り者《はし》」という用語で解説しているが、ここでは「逃散」と同意語と捉えておく。

走り者とは年貢はそれなりに納めたうえで、今の生活環境に不満があり、より良い生活を求め、親戚縁者、知人を頼って農地をかえる者をいう。それらはときに部落単位で移動していたことも文書に記録されている。当然、領主に無断で他領に移る。ポイントは「走り者」は非納税者ではない。未納者は「夜逃げ者」として明確に区別している。「逃散」という用語ではこの概念の明確な区別はなかったように記憶する。意外に多いのは百姓をやめて商売替えをしたり、走り者は計画的であったように語られ江戸市中に生活の手段を求めた下層民も多い。

論点はそこではなく松倉親子の苛政、拷問虐待に命を懸けて耐える前に、そして島原の原城に籠城作戦をとり殲滅する前に、「逃散、走り」をする者はいなかったと素朴な疑問を持つ。

一方で徳川幕府の大名統制の手段として、農地、農民の確保は藩の運営の基本として指導して、百姓の移動を厳禁し藩政の安定を求めた。百姓、取り分け農民の確保できない大名は取り潰しの理由にもされた。また、大名も賦役労働者の確保もあって理由のない領民の移動には敏感であった。それでも実態としては公認、非公認も交えて相当な移動もあり（婚姻、養子など）、そこには偽装申請もあった。この住民移動は「走らせ損《そん》、取《と》りとく」という表現で宮沢氏は詳しく解説されているくらい特別な現象ではなかった。そのため、各大名は専門の奉行を配置し、隣接する大名間で「走り百姓の返還交渉」をしていた。宮沢氏の著書には主に細川、毛利、薩摩などについて交渉経緯と結果が詳しくある。ひとつの基準として「男百姓は欲しい、おんな百姓は返せ」という原則もあったようにまとめられている。そんな文書は大村藩文書にもあるようだ。ところが島原藩の実態を表す文書は全くない。一文もない。

松倉重政（父親）の比較的良い時代に、先を読んで賢く立ち回る「庄屋・おとな」はいなかったとかと思う。若しそんな一族の末裔がいれば詳しい歴史の顛末が検証されているることにもなろう。そこを語る先行学者の文献を見ない。検証に堪えられる文書がなければやたらなことは書けないが、そこを予測する研究が欲しい。歴史学は何が何でも松倉親子の失政と切支丹の暴動が全てであるという歴史模様で固まっている。

☆ここでちょっとの豆知識

「殲滅《せんめつ》」と「全滅《ぜんめつ》」の用語の違いを確認しておこう。全滅とは全て滅びること。殲滅とは皆殺しにして滅ぼすことと『広辞苑』にある。闘わなくても、参加した後続部隊とか婦女子も皆殺すのが殲滅である。

時の幕府の作戦参謀、柳生但馬守は三代将軍家光に対して、この一揆軍は「手心なく殲滅させるべき」の具申をしている。そこで家光は総指揮官の松平信綱に同様な下知をしている。おまけに、肥後熊本三代藩主細川光尚《ほそかわみつなお》では力量の不足として、父親の先代藩主の細川忠利《ほそかわただとし》に江戸藩邸に居ての指示ではまかりならぬとして、現地で親子での参戦を強要した。幕府は日本国がキリスト教とポルトガル貿易によって植民地化することを恐れていた。イギリス、オランダからのポルトガル戦略情報もそのようであった。イギリス、オランダ情報に踊らされたという説明をされる文献もたまに見るが、そんな話は歴史ではない。踊らされようが騙されようが、時の支配者、徳川家光がそのような殲滅作戦の指示をしたということが歴史上の事実であり、その信憑性を考察するのが、日本の歴史学であろうと筆者は確信するが、この強い思いに読者の賛同は必ず得られよう。

島原、天草の領民が全員参加の切支丹地区なんてことはあり得ない。これは先行学者も異論のないところである。ところが何故か、今日の日本史的考察は半島の全土が切支丹であったような空気を醸《かも》し出すようなところがある。その気配はあってもよいが、それは日本歴史学の関知するところではない俗説であることを素人学でもわかって欲しい。

★キリスト教は邪宗か

秀吉も、家康と徳川幕府も、禁教令の中で「日本は神の国」宣言をして国体を明確にしている。宗教の先輩である仏教も、キリスト教より先に日本に上陸して、本地垂迹《ほんちすいじゃく》説に符合、融合させ、「日本宗」に姿を見せている。そんな既存宗教や権力者から見れば、排他的なキリスト教は当然に邪宗であり「おじゃま宗」である。

宗教はいつも体制側について勢力を伸ばそうとする。体制側は領民の統制を図るために宗教を利用する。ザビエルもイベリア半島の強固な意志に沿うて、その役目を果たそうとしただけであろう。島原の乱がなかったならば、イエズス会はもっと勢力を拡大できた可能性はあったと推測する。初期の日本の国家体制はこの切支丹伴天連衆たちに対して無下《むげ》な扱いはしなかったことは、既に何度も見てきたところである。伴天連の排他的行動が日本国家をして、邪宗と呼ばしめたことは間違いない。この筆者の判断は、学識の高い先行学者の異論が強くあろうとも譲るところではない。一体、島原の乱は蜂起したことで誰がどんな得をしたのか。

人は生みて喜び、死して嘆く。生きとし生けるものはいつか死ぬ。これは自然の節理。ならば、為すが儘《まま》に放置できないかと悩む。知恵がつくから苦しむ。余分な知識は捨てればよい。己で捨てられぬことが悩みとなって、他力本願が宗教心を呼ぶ。そして殺し合う。阿弥陀如来もデウスの神も解けぬ。誰も解けぬままそして死んでゆく。

キリスト教は邪宗か。日本国の体制側から見れば邪宗であろう。時として為政者は自国領民の統治・統制の道具として、体制側に靡《なび》き易い思想を用意する。無論、自らの存在を脅かさないように維持するために備える。そこから見れば、キリスト教に対する禁教令は邪宗への改宗禁止と「日本宗」への帰依は当然の姿であろう。

ここで「邪宗」とはその宗教の内容に対する評価では全くない。キリスト教が日本に上陸して廻した「かづさじゆわん」の廻状にある如く、日本宗の世話役である、「仏僧」をも改宗の標的にしたり、「神の国日本」という天皇家の否定に繋がるような「神官職」まで殺戮《さつりく》の対象にした行為は嘗《かつ》てない。どんな理屈を付けようと、権力者から「正宗《せいしゅう》」と言える評価は得られないであろう。殊に「邦国日本《ほうこくにほん》」は八百万の神の存在を代々肯定してきたことを見れば、唯一神教のキリスト教とイエスの教えのみで、全ての価値を推し量ろうとすることが既に、日本では論外の思想である。これぐらいの判断は素人でも容易に理解できる。

イエス・キリストから見ればデウスは絶対の神であろう。筆者は重ねて言うが、その全部も、一部も否定はするものではない。されどいつの時代にも宗教の無理強いは続かないのではないかと思う。転び易い信者はまた転ぶ。

豊臣秀吉も、徳川幕府も禁教令で伴天連に対して「日本国は神の国」である、と宣言していることは既に読者の皆さんも確認した。

第三節　益田四郎時貞の「赤毛」は知られた話

★ここで四郎に関する真実らしき文書を見せよう。

「今から二六年後に、必ず『善人』がひとり現れ、その幼い子は習わない文字に精通したものである。その子の出現の印が天にも現れるであろう。その時は木に饅頭《まんじゅう》が成り、野山に白旗が立ち、人々の頭に十字架が立つはずである。東の空も西の空も必ず雲が焼けるだろう。それればかりか人々の住処が焼け果ててしまい、野も山も草も木も皆焼けてしまうだろう」という話を残して立ち去った追放伴天連マルコスの予言を聞いた（この四郎概説の文書は『耶蘇天誅記』で後述する）。天草大矢野の「千束島《せんぞくしま》」に山居していた五人の牢人が、追放される伴天連の予言を信じて行動を起こしたことに始まる。これは天草諸島の一部から始まったと言われている一揆軍のスタートを記す一文である（「山田右衛門作口書写《やまだうえもんさくくちかきうつし》」より）。

最初から引用文が長いから簡単に説明しよう。これは「島原の乱」の一揆軍の行動の始まりを説明した状況の文意である。山田右衛門作が囚われの身となり、取り調べの時に証言した内容に基づく文書である。この山田右衛門作は一揆軍の副将という存在で、唯一の捕縛人。生き残った人物として、あちらこちらに登場する籠城内の証人。読者の皆さんはとにかくこの人物は押さえておいて欲しい。この人物は旧有馬藩有馬直純・松倉重政・松倉勝家の家臣で、南蛮絵師でもある。叛乱軍の副将にも拘らず、捕獲されて幕軍に寝返った。

問題は唯一の生き残り証言であるということと、叛乱軍の囚われの身であるために殺されたくない一心から、あることないことを並べ立てた如くとられてしまった。思案の作戦で幕軍の二重スパイとして、叛乱軍に送り戻された。然し、この戦略も四郎側に見破られ、右衛門作は城内のここでも捕縛、蟄居させられた。その後、幕軍の一斉攻撃のとき、再び幕軍に救助されて安堵したという、嘘のような証言記録である。その証言があまりに明確な説明ゆえ却って怪しまれ、全て山田右衛門作の創作話の文書と推断されてしまった。従ってこの一文は歴史学上、信憑性に欠けると言われている。なお、この山田右衛門作は生き証人として幕軍の総大将松平信綱の信用を得て落城投降後、江戸に連行され、切支丹目明しとしてそれなりの仕事を与えられ、禄《ろく》を頂戴したらしい。ここで大きな疑問が残る。右衛門作が首実検に立ち会えば当然、四郎の首鑑定はできるはずなのに幕軍は誰も、四郎の判別ができなかったという。

こんな話がまともに語り継がれるならば、歴史考証学は不要であろう。この点は先行学者の先生方に伺いたい。きっと沢山の秘話と裏話が拝聴できるであろう。四郎の首実検の後に、右衛門作を捕獲したから、右衛門作はその現場に立ち会えなかったという言い訳ならば、それは見苦しい講釈であろう。徳川家光の指令は信綱をして、叛乱軍殲滅命令であったはずである。だから投降者の誰ひとりとして、総大将、天人の天草四郎を知らないという情報は持っていなかったとみる。よって幕軍により手当たり次第に牢人を捕まえて訊《き》き糺《ただ》すのが当然の策であろう。全員に確認した後でも、右衛門作に〝まさかお前も四郎の顔を知らないというのか。返事次第で、其の方の首は胴体から離れて宙を舞うぞ〟くらいの脅しをしなければ、将軍家光の前で信綱自身が切腹ものであろう。

他にも通説如き言説に不満は残る。まず、第一に籠城戦の開始にあたり、総大将が城内の戦士に向かって「戦闘開始宣言《せんとうかいしせんげん》」の訓示を垂れるのが当たり前。その場には当然、叛乱軍の幹部クラス以上が集まり、「鬨《とき》の声《こえ》」をあげ戦闘態勢に入るものと予測する。

主だった牢人たちは総大将の四郎の姿を拝したものと推察しなければ、それもなしでこんな不合理な解釈でよいとしてきたならば、学会の今日までの考証は何処に生かされているのかと訝しい。

遺跡の発掘調査もよいが、それはあくまで傍証でしかないだろう。筆者には創られた素人話のように思える。この点について詳しく論じられた文献を見たことがない。

右衛門作は籠城内では、常に四郎と行動を共にしてきた生き証人のため、四郎の人物像にも言及しているが如き文書もあると聞くが、又他方でどれも信用できない文書としての但し書が付く。ここは半分信じていかないと前には進めない。読者にも納得して頂きたい。

次に古文書の一文を紹介しよう。（松平信綱が島原に到着する二日前の記録）これはおよそ一万人と言われる落人《おちうど》の中のひとりが語る、原城内の様子を知り得る唯一の証言記録である。証言者は旧有馬領小有馬（有馬北村）の雅樂助《うたのすけ》（六二歳）と、一七、八歳の天草上津浦の若者である。特に雅樂助の証言として紹介されている。このときの取り調べは、幕軍上使である板倉重昌《いたくらしげまさ》・石谷貞清《いしたにさだきよ》によるもの。

○城よりの落人申口《おちうどもうしぐち》〔切支丹蜂起覚書《きりしたんほうきおぼえがき》〕寛永十四（一六三七）年十二月二十五日

以下條々《じょうじょう》。　ひとつ書きの一一文あるうちのひとつ。

釈文

大将《たいしょう》四郎《しろう》と申候て、**年《とし》一五六《じゅうごろく》ニ罷成《まかりなり》候、頭《あたま》の毛《け》赤《あか》ク御座《ござ》候**、本丸《ほんまる》ニ罷在《まかりあり》候、此度取詰《このたびとりつめ》候《そうろう》而《て》已後《いご》一度・二ノ丸迄出申し候由《よし》（以下略）、

＊解説

ひとつ申し上げます、大将、四郎と言いまして、年は一五か、一六くらいでございます。頭の毛は赤くありました。原城の一ノ丸に居ました。此の度の戦いで追い詰められて一度だけ、二ノ丸に出でました（以下略）。

なおこの一文には証言者の雅樂助も一七、八歳の少年で身分の低い者の話であるから、信憑性に欠ける記録として完全なる合格をさせていない。されど肥後細川藩の細川家譜『綿考輯録《めんこうしゅうろく》』に残されているという識者たちの言説は多い。ここでも歴史認識がチグハグである。結局、益田四郎時貞の首実検による「真正四郎首実検」は色々（四首）あ

ったが細川藩士佐野甚左衛門《さのじんざえもん》の討ち取りし首を見て泣いた、母マルタの姿で決まったようなことらしい（細川家文書『肥前国有馬戦記』）。ようなことらしいという書きようは不本意であっても、いずれの文書に於いても確定断言したものは見られない。全て伝聞伝承話であることが多い。

高瀬弘一郎氏の本（紹介済み『キリシタンの世紀』一七九頁）に以下のような一文がさりげなく挿入されているからこれも紹介する。

○「（中略）長崎のキリスト教の布教の教区での司祭たちは皆、日本人および日本人と外国人の混血人であった。このこともやはり、彼らの動性を考える上で無視できない（以下略）」とある。又、他の学者の文献にも「この時代には日本列島に長期滞在していた外国人男性は、ほぼ例外なく日本人女性と関係を持ち、子供を儲けたりしていた」ともある（日本の時代史十四『江戸幕府と東アジア』荒野泰典［編］吉川弘文館）。

これらの文面は筆者も無視できない。あらぬことか、この時期に四郎（八歳時）は長崎に留学していたという文書もある。そして偶然にも伴天連コエリョたちも長崎半島地区にいた。筆者は素人学なれば四郎が混血児であったのではないかとの感触を強く持ってしまう。

誰も見たことないと言われる益田四郎時貞のイメージは見事に日本中に出来上がってしまっている。「南海の美少年、銀のクルスを胸に付け踏み絵恐れぬ殉教の……」。誰も見たことないはずの美少年。然し、殆どのひとの胸中にはしっかりと刻まれている四郎の姿。本書文頭（一四頁）の岡田章雄氏の一文通りに。

こんなことで日本の歴史が決まるなら、学者も教科書も何もいらない。学術の威厳も存在も全く無力ではないかと落胆する。筆者はどうしたらよいかわからない。この事実と虚実の間で日本史は彷徨うことになる。この全うな疑問を抱く迷える子羊たちを助けて欲しい。こんな状態の放置は日本の歴史学に俎上させるべき案件でないと思う。誣説《ふせつ》ばかりが先行する四郎の語り物。事実は天然痘の病根が残っているという、不確かな言説もあるが殆ど語られていない。触れないというより、避けている空気すら感じてしまう。

確かに識者から見れば確定できる史料はない。だからと言って放置状態になっているのは言い訳にならないような気がする。長崎の旧家に行けばキリシタン文書が山ほどあって所有者家人も把握できておらず、放置状態らしい。学者も多忙であろう。予算の付かない研究をするほど暇ではない。だからＡＩ人工知能に解読させればよい。ＡＩの利用について、医学界でも「人間医師の判断に勝る医学はない」。「医は仁術《じんじゅつ》ですよ」なんて声高に言っていた。巷間「名医」と言われている人ほどその声は大きかった。それが今ではＡＩに追いつく医師も薬もない。学習ツールを批判するばかりでなく、うまく使いこなせないと歴史学は知りたい人だけが知ればよいという、オタク学問になってしまうのではないか。熟慮も暗記も関係ない場所におかれた存在になるのではと先行きを危惧する。乱暴な物言いはやめよう。気を取り直し、仮説を立てて読者と論じ合おう。

○偉大なる仮説

その一

四郎が「混血児」であったとしたならば、日本の歴史はどう変わる。混血児という表現が差別用語と言われるならば言葉を換えよう。「日本人以外の両親、又は片親から生まれた児童」と。しかしここでの引用は過去の歴史学考証や学術としての表現であり、筆者は決して、「天草四郎」を誹謗中傷する意図は全くないことをお断りしておく。しかしそれでも不適切であると思われる関係者から、本書を不適切な著書としてお叱りを頂くことになれば、腰を低くしてお詫び申し上げずばなるまい。

今、語られている「島原の乱」は全部が嘘か。そんなことはないが、殆ど信憑性は低いことになる。まず、四郎が「日本人以外の両親から生まれた子供」であったら古文書の評価が変わってくる。当然のことながら両親の一方か双方が日本人ではないことになる。

更に言えば両親共に実の親ではなく、育ての仮親《かりおや》であった可能性は否定できない。四郎は長崎の切支丹宣教師屋敷の出身かもしれない。

俗説であろうがマカオから伴天連宣教師が連れてきたと長崎で民衆に紹介されているという話もあるように聞く。その推論はそれでよく、この不確実な仮説は四郎の人格評価とは何の関係もなく、決して貶《おとし》めるものではない。されど、これが事実なれば、益田四郎時貞に関する文献はどれも信憑性に欠け、歴史学上の文献として時代考証の訴求に耐えられない。そのことが大きな問題となるし、問題としなければ先行学者の積み立てた実績が問われる。それがないまま学会が黙視する考えならば、今現在、学者諸氏が大切にされ手掛けている学術案件の価値も問われよう。それは単なる軍記物で、学者の知識は大河ドラマの補佐役でしかない。

その二

敢えて四郎不在説をとれば学会は「何処まで戻ってこの案件を検証できるか」ということが問題になろう。

それは徳富蘇峰《とくとみそほう》、菊池寛《きくちかん》が記した文献であるとか、又は三田村鳶魚《みたむらえんぎょ》が流布したものであり、近代の知識ではないからと言ってしまうであろうか。この点は後節の軍記物、伝記物のところで触れる。案外この四郎案件は歴史学としての役割を既に終えたという見解を持つ識者も多い。但しこの筆者の発言は「島原の乱」の事件の存在を否定するわけではないと念を入れておく。しかし、四郎のいない日本史、日本史学は存在しなくなってしまっているのではないかと大胆で出過ぎた結論としたい。

○単純ではあるが大きな疑問　四郎の人相は誰が語り始めたか

この疑問に答えられる先行学者はご指導頂きたい。筆者の知る限りにおいては四郎の面影・人相を具体的に語る文面はない（岡田章雄氏の『天草時貞』吉川弘文館）。但し、そのカリスマ的な人物像を語る古文書はある。然して、「南海の長身の美少年、色白のイケメンのイメージ」は日本全国に統一されて明確に語られている。伝わる絵図が正しいとするならば、そのイメージは完全に白人の如く描かれている。このことについては何処からも修正すべきという発言は聞こえてこない。検討の対象にもならない。誰も見ていないはずの姿がこれほど明確に、どうしてあの絵図が日本に伝播して、そしてその姿が均一に描けているか、先行学者は説明できていない。そしてどういうわけか誰もそれを否定しない。関わりたくない案件であるのかと思ってしまう。

○最近、吉村豊雄《よしむらとよお》氏が執筆された新書が珍しい書きようをされている（『天草四郎の正体　島原・天草の乱を読みなおす』洋泉社）からその要旨を解説するが、納得できない部分が多い。取り敢えず二点。

その一

吉村氏は自著の中で「天草四郎時貞は叛乱軍の筆頭の総大将ではなく、二番目の総大将である」と紹介している。総大将がふたりいたという記述は初めて見る。そして巷間、副将と言われた山田右衛門作は上位の二〇人の中にも入っていない。山田右衛門作は天草四郎の副将として扱われてきたと思う。これは勇気のある書きようである。

その二

吉村氏はやはり自著に「四郎は複数いた」。それも若侍が四郎の装束に「偽装」して、各地に集団で現れたから本物がどれだか誰もわからなかったとしている。ややこしい話である。これも勇気ある検証であろう。然し、筆者は全く疑問である。

各地に現れた若侍が誰をモデルに「偽装」したのか。天草四郎という人物が確認されているから、偽装をすることができたのではないかと、普通に疑問を持つ。吉村氏は熊本大学に在籍されていたご当地学者である。きっと巷間語られる通説を覆すような貴重な古文書を、『綿考輯録』か「細川家文書」あたりで発見され、新しい検証があるものと今後に大きく期待する。然し、もっと驚くことは、吉村氏が四郎の姿を誰も見ていないと話を結ばれている点である。これに関しては後節で論じよう。

○再び細川忠利の登場

前にも見たが「肥後熊本初代藩主細川忠利」はこの事件に於いて重要な役割をなしたと筆者は密かに確信する。徳川家光は板倉重昌を小姓にしていた。家光の先代秀忠は細川忠利を小姓としていたし、家康の孫娘を頂戴していた。家光の時代は春日の局らの活躍で大奥制度が確立されてきたため、小姓の役回りが違ってきていた。肥後熊本藩は五四万石で家光の評価は高い。一方松平信綱は老中と雖《いえど》も八万石。既にこの時点では肥後熊本は代替わりされて、二代藩主細川光尚となっていたが、若年のために、家光は力不足であるように思ったのであろう。これらの材料は筆者の推量でしかないが、多くを外していない。家光は細川忠利に江戸にいては光尚によい指示ができないから幕軍が苦戦している。天草統治の不始末として肥後藩のけじめをつけるべく、柳生但馬守から具体的に作戦を授けている。「叛乱軍は必ず殲滅せよ」。細川忠利は必ず自らの手で「天草四郎の首」を確保せねばならない立場であった。その結果から見れば、忠利は誰憚《はばか》ることなく家光に報告できる結果を手にすることができて、責務を果たしたことになった。また細川忠利はオランダ船から叛乱軍に対して援助の砲撃をさせたその戦法について、幕府軍総大将の松平信綱に「合戦は日本国内の戦いであるから、外国船の力を借りるのは宜しくないのではないか」と具申したと言われる。真偽のほどはわからないが、老中の作戦に対して五四万石とはいえ、立場を超えた話である。こんな文書の信憑性は怪しいが戦況の荒波はあっても、忠利は家光との約束は果たした。余談の域ではあるが、忠利は幼年の時はクリスチャンであったことはあまり知られていない。細川忠利の母親は著名なキリシタン信徒である細川ガラシャであることは先刻ご承知であろう。

○キリシタンのカリスマ「天草四郎時貞（益田四郎時貞ではない）」

もし、天草四郎が真に先頭に立ち堂々と原城を盾にして、一度でもよいから逃げ隠れせず、総大将の立場を明確にして、自ら刃の先に立つ姿を日輪のもとに示せば戦闘の流れが変わっていたかもと、素人ながら無駄な思いを巡らす。

少なくとも「かづさじゆわん」の廻状が本当に蜂起を促すものであれば期待される話であるが、これも信憑性を欠くところがあるからこれ以上は議論の意味がない。

○切支丹信徒の人数はどんな計算で出したものであろう

これは単なる筆者の感想であるが、フロイスのイエズス会報告の信者数は実態より多いような気がするのは筆者の先入観であろうか。フロイスのその性癖についてヴァリアーノが天正十二年（一五八四）に総長に宛てた報告書の中で彼を評して、「大いに慎重さに欠け、イエズス会外部の者との対話の時に、警戒すべき人に対しても口が軽く、誇張癖があり、小心者で些細なことでも拘り、中庸を保てない」と言われてしまっている。これではどこもいいところがない（『フロイスの日本覚書』松田毅一　中央公論新社）。ここらあたりの人物評価は既に一部は紹介した。されど、ここは流し読みするところではない。イエズス会総長からも、管区巡察師からも不評なフロイスの『日本史』全一二巻を日本歴史学会では一級文書として高く評価し過ぎているような気がする。

日本人に対する観察眼が優れていると言っても、正しく日本の時代考証ができていないことは、既に信長暗殺情報のところで筆者が鋭く言及したところ。フロイスが日本好きであることはよくわかるし、それなりの登場は致し方ないが、日本史学の中ではそれほど評価するべき存在であろうか疑問を持つ。筆者はキリシタン史の学習が本筋ではなく、つとめて日本史学に必要な風を吹き込みたく努力しているつもりである。別して言えばフロイスをここでは日本語の上手なレポーターであった程度の評価にしておきたい。

信者数には「隠れキリシタン」と呼ばれる存在自体が不確定な要素であろうが、信者という人数の根拠、例えば神父の洗礼が必須条件であったように聞いていた既存の知識でも、洗礼の神父立ち会いは絶対条件ではなく、同僚キリシタンの立ち会いの洗礼でも信者として加算してきた（例えば細川ガラシャ、取り巻き下女の洗礼）。

またキリシタンの家庭に生まれた子供の数は自動的に信者に数えられてきたようである（紹介済み『フロイスの日本覚書』松田毅一／E・ヨリッセン共著）。往時の日本人の人口は二千二百万人あたりであったのにも拘らず、八〇万人から九〇万人（元和六年・一六二〇、総人口の四％）の信者がいたと本国には報告している。この算出も色々取りざたされており、異論も多く正確なものではない。専門学者であった松田毅一氏の数字を参考にする。三十万人から三五万人といったところが適切な推量ではないかとみる（この後で五野井氏の参考史料を挟む）。

ザビエルが日本に上陸以来、一〇年くらいの間の実績であるから、それでも総人口の二％近い信者数であり、少ない実績ではないとみるがどうであろう。それはこの時期に

京都におけるキリシタン数の推移

年紀	京都	全国	出典
1541			ザビエル日本上陸（補足）
1555		4,000	バルアザール翰、1555.9.20
1560	100		フロイス、日本史第一部34章
1565	1,000	10,000	トルレス書翰、1565.10.20
1570		26,000	ヴィレラ書翰、1571.2.4
1570	700		ヴィレラ書翰、1571.11.3
1577.9	7,000		オルガンティーノ書翰、1577.9.1
1577.10	8,000		オルガンティーノ書翰、1577.10.15
1577	〈3ヶ月間で約4,000人改宗〉		フロイス書翰、1577.9.11
1579.10	10,000		ステファーノ書翰、1579.10.21
1580	〈約2,000人改宗〉		ガブラル書翰、1580.8.3
1582.2	25,000	150,000	ヴェリニャーノ、スマリオ5章
1585	〈3,000人改宗〉		セスペデス書翰、1585.10.3
1587		200,000	ヴァリニャーノ書翰、1587.12.1
1590	50,000	250,000	ヴァリニャーノ書翰、1590.10.8-12
1597		270,000	ゴメス書翰、1597.4.14
1600		300,000	ヴァリニャーノ書翰、1601.10.16
1614	4,000	370,000	コスタンツォ書翰、1614.10.24

五野井隆史著『日本キリシタン史の研究』吉川弘文館より

於ける、信者数を正確に算出しようという研究の必要性を感じなかったのであろうが、それは致し方ない。松田氏によれば日本に於けるキリシタン信徒の名簿があるわけでもなく、算出する根拠を持つ資料がない。フロイスの報告書もひとつの材料のようであったとみている。なお今日、現代のキリスト教クリスチャンの数え方や名簿の存在も知識も筆者は知らない。ことに「島原の乱」事件以後「寺請制度」や「五人組」などの相互見張り体制が実行されて来たから、切支丹信徒は深く潜行していき、その実数が把握されていないのは当然であろう。

ただ、既に見たように徳川幕府の幕閣に予想した以上にキリシタンが多かったことと、「かづさじゆあん」の廻状に付説されたと言われる「天草四郎秀綱《あまくさしろうひでつな》（豊臣秀頼の子）は日本の将軍」であるという真実ではない噂が立ち上がったことも、大目付柳生但馬守を慌てさせた一因であるとみるが、その件については『耶蘇天誅記』のところで触れよう。

すでに説明済みであるが久留米の商人の与四右衛門によれば四郎は天草のキリシタン千六百人と「島原よりの加勢」二千人の都合三千六百人を率いていたという。与四右衛門の古文書をこのようにより詳しく説明されているが、凱旋船団であるということも、乗船者数も詳しい記載である。三千六百人の人数では船頭の大膳が与四右衛門に早くこの場を去るべしという助言は正しい。それにこの大きな船団の中にいる天草四郎を見たという話を吉村氏は即座に否定されていることをこの後で記すが同氏の意見を強く支持したい。

参考までに、ここに五野井氏の表を載せておこう（一八六頁）。

＊筆者が本書で絞った論点（九五頁～九七頁）の六項目のうち三項目まで辿り着いた。残る三項目以後は抽象論になり易いが、筆者は敢えて自論を以って進めたい。

第四節　軍記物とはどんなもの

ここまで来てもまだわからない四郎の実像。筆者は最初に戻って四郎の出自を考えた。ここで確かな参考文献はないことがわかった。四郎の生まれは不明、場所もわからない。

生年は天和六年〜寛永元年（一六二〇〜一六二四）あたり。没年は寛永十五年（一六三八）。原城落城後打ち首処刑。確定しているのはそれだけである。これは一四冊の人名事典をチェックして得られた結果であるが、これ以上の資料は日本にはない。外国文献に頼るしかないであろう。自分の考察能力の不足を資料のせいにするのは不遜であり、いけない（『朝日人物事典』、『日本大百科事典』他参考一四冊）。投げやりな言い方であるが長崎方面の古民家に行けば手付かずの「らしき古文書」は幾らでもあるという。やはりＡＩ人工知能、科学の力も借りたい。

本題に戻ろう。さて、軍記物とはどんなものであろうか。これ以降の解説は筆者の素人学によるために、予断を持って進まれたい。まず、最初に言い訳から入るが、益田四郎時貞案件は市井に大量の不確定文献が溢れる。しかし筆者はそこを突くつもりはない。軍記物と学術本とでは並ぶところは同じではない。そしてそれらの書本は日本史を確定するあるいは、不確定と断定する材料がどちらにも欠ける。いわゆるまだら模様の文献が多い。

ここに面白い一文を発見したからお知らせする。

天草四郎（益田四郎ではない）について見事な世相を語るところであるから、何となくでよいから現場を想像して読まれたい。豊後府内目付の林勝正《はやしかつまさ》・牧野成純《まきのなりすみ》は「天草四郎」についての松倉家からの使者の口上を次のように伝えている。

釈文

「松倉長門《まつくらながと》（松倉重政《まつくらしげまさ》）領分《りょうぶん》に今度《こんど》一揆《いっき》起《お》こり申《もう》さざる先に、天草四郎と申すきりしたん大将、天草より参り候えば、豊後守代《ぶんごのかみだい》（領主代行）にころび申し候きりしたん共《ども》たちあがり候と風聞御座候《ふうぶんござそうろう》、天草にても四郎出候《しろういでそうろう》と風聞御座候《ふうぶんござそうろう》が、四郎儀《しろうぎ》はゐ候も、ゐ申《もう》さず候もしれ申《もう》さず候と、使《つかい》の広瀬吉右衛門《ひろせきちうえもん》申し候」（「島原一揆之子細」より）。

＊解説

「松倉重政の領地内に一揆が起こる前に、天草四郎という大将が天草より島原領分のほうにくれば、以前にキリシタンであったが、改宗して元の仏門・神門に帰心していた者たちが、その四郎の風の噂で、再びキリシタンに戻るという話が天草ではございます。しかれども四郎という人物はいるというのか、いないというのかよくわかりませんと使者の広瀬吉右衛門が申しております」ということで、この段階では風聞・噂の類としてしか状況把握ができていなかったことを豊後府中の目付役に報告をしている。誰も四郎を確認した者はいないという、わかったようなわからないお話である。

★軍記物の学術的見解を示そう。

軍記物語とは「鎌倉時代から室町時代にかけて書かれた歴史上の合戦を題材とした文芸のこと。実際の史実を元にしているが、説話的な題材や虚構も混じる」とある。「時代の後半（近世中期）は軍記物語の構成を持ちながら、寧ろ登場人物の運命や悲劇性に焦点を当てたものが多い傾向もあった」。こんな不安定な解説を見るが簡単に筆者が説明しよう。

歴史的にあった事実を基にして、その「後日談」を中心に周囲の筆達者が色々と感想・感情を混じえて、ほぼ自由に書く。これに歴史的事実が少しでも新たに加われば、さらにあれやこれやと付け易い舞台となる。この筆者のやや乱暴な説明には識者による異論が充分予想はされるが、それでも本書ではこれで充分「島原の乱」の説明は付くと思うから読者は筆者の後に続かれたい。

島原の乱で原城に立て籠り叛乱を起こした、一揆軍（寛永十五年・一六三八）の蜂起と武力抗争は日本の歴史上の事実であり、全く否定されるものではない。然し、それ以外の文献文書が学術的検証に耐えられなければ、それは歴史学の対象から外れ、軍記物扱いとなる。

例によって筆者の粗末ではあるが、わかり易い紙芝居的学問で軍記物の成立過程を紹介する。

＊今、ここに日本の歴史上の事実があったと仮定する（然し、時代を遡って誰もがそこに立ち会うことはできない、だから軍記物、戦記物らしき文書の書き手は自由に想定することになる）。

① ある藩に地域的合戦（中央地区では事件が衆目の一致するところとなり、勝手に創作はやりにくいから地方の話となる）が勃発した。そこには腕自慢の強者家臣がいたとする。

② 藩主より集合の下知があった。早速、武具甲冑を揃えて、従者に予てよりの戦いの

心得を指示確認。

③　妻子のあるものは妻子に、妻子無きものは老いた年寄りに後を託して別れを告げる。近隣、近住の人々に家族の安否をよろしくして涙の別離をする（現実には下知があったら一刻も早く登城に追われそんな時間はない）。

④　数日後、合戦は終わる（実は案外勝負は早い、敗軍の色合いは案外早く決まるもの）。武功を挙げて無事帰還すれば、お手盛り気味の自慢話がひとつ書きあげられ後世に残る。主人が討ち死にしての報告なれば武運拙《ぶうんつたな》く涙の物語でそこにもまたひとつ。

⑤　合戦の事実を聞かされた家族が後日語れば、そこでまた一話が出来る。見送った近隣が書けばそこでも一話が出来上がる。その話は色々と悪意のない脚色がされてやがて平和の時代が来ると、後世において部落自慢の武勇伝として語り継がれていく。自慢出来るものでなければ自然に消えていくであろう。その物語は一世代ごとに部分修正がなされて変化することになる。

⑥　城主は祐筆（書記方）が、これこそが真実を語る当家の極秘文書と確信を得て、家系譜とされ後世に残り易い。それを後世の学者が解読するが、度々解釈に違いは出る。

祐筆は後世にどんな解釈をされるかを想定しては書けない。誤筆は許されないが一般的には主君のよくないことは書き辛い。然し、祐筆のプライドもあって自分の家か別人の蔵にして別冊秘蔵実記を残す。その文書がやがて大発見として騒ぐことにもなる。

⑦ 文書は人の手が加われればその都度、微妙に変化する。表題すらも変わり、大抵はお手盛り模様の軍記になる。戦を知らない文武両道の家臣たちがまた写本する。

⑧ 三百年以上も時代は経過してから、近代学者が古文書として紐を解いても往時の経験は誰もない。それだけ筆先は自由に走る。その筆の自由な動きと言葉の巧みさが時には事実を超えて、後世の学者を思案させることにもなる。

古文書とは誰かに伝え報告することを前提にした文書を言い、それ以外の古文献は古記録として区別されているが、参考史料としての価値に大差はない。歴史的事実が確認されない文書は好き嫌いで書いた人、又は写本した人の感覚が伝聞の趣意を替えることもあろう。まさにお宝鑑定団もどきの話である。

さらに言えば、これらの場面での変遷・加筆において誰にも「恣意、悪意」は全くない。誰かを貶《おとし》めんがための工作文であっても、それが事実ならばそれはそれで歴史上の検証されるべき事実である。その文書の存在を疑われる理由ではない。美術などの贋作の鑑定とは基本的に違う。

以上のような紙芝居仕立ての解説には異論も多かろうが、前に進むためにお許しを頂きたい。

熊本大学の安高啓明《やすたかひろあき》准教授の応援を貰う。熊本県天草市が発行した『四郎乱物語《しろうらんものがたり》』全七冊がある。簡単に案内しよう。

この本は「天草・島原の乱」を克明に綴った軍記物である。天草の福連木村庄屋《ふくれぎむらしょうや》、尾上家《おのえけ》に伝わるもので、乱の経過と四郎をはじめとする人物の動きや挿話が記されている。作者は不明。「天草上島の神官の作品」であると付記されている。確かに文書は一見すると古い。それらしくある筆先は判読し易そうだ。この軍記物の翻刻をされたのが熊本大学の安高啓明氏である。筆者は近く安高康孝氏にご指導を頂く計画がある。なお、この文書は現在天草市指定文化財である。素人の見立てであるが筆先が新しい。筆遣いに自信が見えるから神職によるものという推量であろうか。

この軍記物の位置づけが難しい。文字の流れと表現は物語であるから滑らかであろうが、この全部分が必ずしも実在の歴史とは言い切れない。それを書いた人物がどれほどの情報を持ち、その部分を客観的に書いているかが判読できない。先にも触れたが、この作者が後世の碩学者たちを故意に悩ませようとして書いているわけではない。故意とすれば現代人が科学の力で贋作商売を企んだときくらいであろう。それに一度書いた郷土の英雄は今更、悪くは書けない。それを強行すれば内容の正否は別にして、郷土史の翻刻・解読の依頼が来なくなる。

これが軍記物の全てとは言わないが、島原・天草の半島の歴史に関係した地域は、切支丹物を書き残したいという衝動も起きよう。そこは筆者も否定しない。この『四郎乱物語』もよく登場し、引用される本である。いずれにしても沢山の一揆文書の時代考証は科学の力を借りて、まず炭素の残量から文書の作成時を確定するべきである。

ここまでに概ね筆者と読者の同じ目線の学習は峠を越したと思う。いよいよ、叛乱軍の籠城作戦の疑問に入る。

第三章　ついに来た殲滅覚悟の籠城戦

第一節　誰が決めたかこの作戦

大将は本当に四郎時貞であったのか。山田右衛門作は取り調べに於いて、「四郎さまを総大将にしたときから始まった」と捕縛後、松平信綱の前で証言をしている。後は小西行長の家臣であった牢人が中心であったことは当然の成り行きかもしれないが、別の見解も示される。ともあれ、籠城牢人たちは小西行長の残党が主力であったという。旧有馬藩は、その後入植した松倉勢が中心であったために、叛乱軍の主力にはなれなかったということであるが、それはあり得る解釈であろう。従って、山田右衛門作は自ら副将であり、内部事情に詳しいと松平伊豆守に進言したであろうかと疑念が持たれてしまう。

最近、原城の「城中格付け書」なるものが出現し、山田右衛門作は松倉の陪臣であったし、南蛮絵師でしかなかったからか、降格の扱いであったことが証明されている。果たしてそうであろうか。筆者はその文献を半信半疑で眺めている。この点は後節で触れる。

山田右衛門作は副将に非ずということが問題ではない。過去の「島原の乱」の日本史の中での扱われようでは、三万七千の叛乱軍が幕軍への徹底作戦を断行した結果での、唯一の生き残りである。然も知恵伊豆と巷間、語られる幕軍総大将老中松平信綱の命令で捕縛後、江戸に連行された。右衛門作は屋敷も頂戴して切支丹目明しという職にもついた。その唯一の生き残り証言が虚言を弄したとあらば、ただでは済まない。

それよりも、現代に於ける日本史学の古文書の解読に誤訳があったとしたならば、それを然るべき論議の場所に於いて、識者の考察を重ねる姿とその結果をきちんと公開し、今後に活かす仕組みにしなければ「熟慮の学問」は何処に向かっていこうとしているのか方向が見えない。誤訳をした理由が判然としないまま進む、歴史学会の方が問題ではないかと思うが如何であろう。高大研の関係者の説明が聞きたいものである。

先にも見たように四郎が叛乱軍の筆頭の総大将ではなく、本丸総大将の筆頭は有江監《ありえけん》物貞次《もつさだつぐ》であり、総大将は益田四郎時貞との二人態勢を取っていたようにあった（肥後熊本藩家老長岡監物《ながおかけんもつ》宛、似た名前であるが前述の有江監物ではない）。熊谷忠右衛門《くまがいちゅううえもん》聞書《ききがき》状・五月二十五日付・小倉小笠原家《おがさわらけ》の忍びとある。ここは既に触れたが、加えて四郎は妻を娶《めと》っていたとある。尾張徳川家《おわりとくがわけ》の史料である名古屋市蓬左文庫《ほうさぶんこ》蔵『天草陣雑記《あまくさじんざっき》』には、四郎が息を引き取るとき、その場に嫁がいて泣き崩れていたと書かれているらしい。これが事実であったとしたら、浅学筆者レベルの及ぶ知識ではない。その文献は細川家の永青文庫蔵の名高い「綿考輯録関連の文書」でもある。どうして今頃、そんな文書がご当地学者の吉村豊雄氏によって、恰《あたか》も、最近発見された案件が如くに扱われるのか訝しい（鶴田倉造氏の持ち込みという説もある）。

確かに細川家関連文書他の永青文庫所蔵の文書は膨大である。そのため学術文献の多くは熊本大学が委託管理している。本書の最初に西日本新聞熊本支局の記事に対して既に開示されてきた文書を、これも最近の発見の如く扱っている点を批判した。著名な学者の意見を紹介しよう。日本には約三万点の古文書があるが翻刻・訳文されているのは約一割くらいの三千点程度であるらしい。残された九割の古文書はいつ、誰の手によって解読されるのでありましょうか。学者の責任はどうであろう。重ねて言う。筆者はＡＩ（人工知能）の手を借りるべきと思うが、読者は如何に思われよう。

残念ながら、これで日本史の「時代考証」はさして重要な扱いをされてきていないことが理解できた。全く日本史は彷徨っている。こんな鷹揚《おうよう》な学識進行ならば、日本史を語る古文書の解読は何年かければ完了するのであろうか。熟慮せよとしてもここまで熟慮していたら、歴史に学ぶ賢者には誰もなれない。

それにしてもこの状況で、筆者が最も期待していた忍者が活躍したのは嬉しい。柳生の忍びはこの時、何処で何の探索をしていたのだろう。これは冷やかしの疑問ではない。叛乱軍の籠城内の状況は、幕軍の最も知りたいことである。四郎の人相と城内に於ける行動は必須の情報であるはず。今、ここに紹介した城内の戦闘現場を語る文書も怪しくないか。小倉の忍びは四郎の人相を確認していなかったのか、疑問はまた増えてしまった。筆者は気を取り直して一歩前に出よう。

●勝ち目はあったのかこの勝負

①　叛乱軍は幕軍が一二万の大軍を揃えることの予想はついていなかったのではないか。

②　何日間の籠城作戦の予定であったか。

③　武器弾薬は確保されていたのか。山田右衛門作の証言では充分にあるとしていた記録がある。食糧もそれなりに確保されているような発言。

④　ポルトガルの援軍はあると誰が信者に思わせたか。その記録はない。

①～④についてこの流れを理解することができる材料は筆者には全くない。学べば学ぶほど「四郎案件」はわからない。文書は謎を呼ぶことばかりである。これ以上の解説は先行学者の刊行を待とう。

第二節　合戦中に交わされた多数の矢文の信憑性

幕軍総大将の松平信綱は、幕軍の呼びかけに投降すれば命は保証すると矢文に認《したた》めたが、叛乱軍に合意を示す行動はなかった。疑問はまだ続く。或る矢文の一文は「我らの目的は松倉・寺沢の苛政に対する抗議の蜂起である。天下の御政道に反抗するものではない」との返信があった。また次の一文では「我らは自由にキリスト教の信仰をすることを強く望むものであり、冒瀆《ぼうとく》・弾圧に対して抗議する蜂起である」とその主張は必ずしも一致せず、全体的に交換した矢文の信憑性は薄いという見解の学者が多い。籠城軍の中の意見が割れていたのであろう。いや最初から幕軍と戦う目的がそれぞれ違っていたのではないか。

また別の一文には「我らは全てこの場で死してデウスの待つパライソ（天国）で会おう。そのために心おきなく戦うべし。おんな子供は足手まといになるから、おんなは自害、子供は自害する術《すべ》を知らないから親が殺害せよ」との指示があったとの証言文書も残る。然し、この文面は俄に信じ難い。如何にカリスマ性を付帯して語られていたとしても、一六、七歳（蓬佐文庫には四郎は一五歳とある）の総大将天草四郎が合戦の邪魔だから、皆殺せなんて土壇場で指示が出せたものかと率直に疑う。この状況の地獄絵図は既に紹介した筑前秋月藩の資料館の金屏風にしっかりと描かれている。

四郎は初手から作戦を間違った。籠城におんな子供を入れても戦力にはなるまい。食糧事情を悪くするだけであろう。どれひとつ取ってもわからない。みんな死んでデウスの神が待つパライソで会おうと四郎が言ったと言われているが、これが事実という書きようの作者・学者の心底を疑う。カトリック教会の教えでは、自害・殺害は厳禁であったことは誰でも知るところであろう。そんな筆者の不安を一掃するような力強い文書が神田千里『島原の乱』にはしっかりと紹介されている。「天草のキリシタン一揆は蜂起するに際し、一五歳以下の子供は総て親が手にかけてから蜂起したという(『島原日記』より)」。

筆者はこの文書が「古文書」として残されているが、その文書が虚偽の記述をしているというつもりはない。ただ、こんな記述は時代と事実を語る文書と言うには確実なる検証がなくては引用すべきものではない。

この時代、一五歳は当に元服をする年齢である。一五歳の若衆男子とおんな、老人とどちらが戦力になろう。これで若年層を皆殺しにして、大人たちはどんな合戦と結果に期待して武器を持ったか、とても理解できない。

これらの残された文書は〝あちらこちらで牢人どもが手勢を集めるときに何ら戦略も

なく発言した〟ことが、誰かの耳に残り、文字になったものと考える方が合理的な判断ではないかと筆者は思うがどうであろう。これらの作戦が「四郎殿」の指示で全てなされたものであると推量すると、それは天人四郎の発言とは思えないという結果になってしまう。このような文書は適切に考証がされたものとは思えず、全く引用できない歴史文書と見るべきではないか。強い学者の意見を伺いたい。

こんな動機の一揆軍が四郎様の御託宣であるからと言って触れ書きをするようならば、「かづさじゆわん」の蜂起廻状の信憑性などどこにもない。フロイスが生きていたならこの事実をどんな書きようで総長に報告をしたのか想像もつかない。カトリック教会は自害も離婚も認めてはいない。それとも自害は許されないが、親の手による子供の殺害はよいという教えが、デウスの教義にあるのかと問いたい。このレベルの記録を切支丹信徒が残して自分たちの行動を正当化していたとするならば笑止な話ではないかと思う。これではまともな歴史論争にならない。日本の歴史学者はこんなところで寄り道をしている場合ではない。とにかく、あれこれわからない。難しいところは先行学者にお任せしたい。

「天草四郎時貞」は自らを慕う信徒に何を期待していたのだろう。如何に時代を超えた案件としても、全く人間の思慮を超えている所業ではないかと、筆者には疑念しか残らない。

前節で筆者は一揆軍の行動を疑った書きようをした。このことでキリスト教の信者を笑うつもりは全くない。あんな文書を解読して日本史が語られてきたことが、笑止ということである。お怒りの先行学者の方は素人発言であると思い、お見逃し頂きたい。筆者も少し力が入り過ぎておとなげなかった。とはいえ、こんな実態を知ってか知らずか、徳川家光と幕閣はこの叛乱に慌てた。

その一つは秀吉時代の玉虫色の政策を継続してきた弊害。

その二つはイギリス、オランダ情報でイベリア貴族の植民地戦略を聞かされていた。

その三つは予想を超えて、大名、旗本の仲間うちに多数の切支丹がいた（岡本大八・長谷川藤広ら）ことである。呼びかけに呼応するかもしれない切支丹農民の蜂起と豊臣残党の残り火が怖かったのであろう。

第四章　偏《かたよ》り紹介が誤訳を招く多数の文書

交換された矢文の解釈やその信憑性につき、大多数の先学者は一様にして疑いを持たれている。この矢文の現物文書はどういうわけか全く現存しないらしい。理由は筆者も全くわからない。従って周辺文献から事件を考察する以外に方法はない。筆者も疑念を持つ者のひとりではあるが、ここが怪しいと指摘できるほどの力量はない。

次の説でその扱いに苦慮をしている事案が幾つかあるから詳しく解説しよう。特に天草四郎の実像を語る文献は必ずどこかで矛盾を生じてくる。読者と共に熟慮の歴史学としてチャレンジしてみる。知識の底は浅いがしつこく熟慮し考察をしてみたい。

第一節　天草四郎文書、一四年ぶりに発見

この見出しは既に本書の冒頭部分で、西日本新聞熊本支局の取材によるものであることは触れた。ここではもう少し、深掘りをして考察しながら筆者の考えを紹介する。

◉西日本新聞に掲載された原文書らしき文面を探索できたから、そのまま紹介する。

「キリシタン軍は一四日、本渡（現在の本渡市）へ陸と海から攻め寄せた。四郎は船で本渡町茂木根に上陸、馬に乗る。白い絹の着物とはかま姿。頭には苧《からむし》（麻の一種）を三つ組みに緒（ひも）で留め、額には小さな十字架を立てていた。手に御幣《ごへい》を持ち、軍を指揮していた」「翌一五日、島原から一揆軍の応援に来ていた大膳（宿屋の主人）らと船端へ行くと、四郎は島原藩主・松倉家から奪った船に乗っていた」。

この一文はさらりと書き込まれているが、筆者はこの文面には大きな誤訳があると思う。

★誤訳らしきその一

読者もしっかりと受け止めて頂きたい。この記事には明らかに情報操作と思われる箇所がある。この文書の発見は「一四年ぶり」の発見ではない。前一六、一七頁に於いてこの点については既に一部は触れた。しかし、そこでは単なる新聞の見出し紹介で具体性を示していないからここで再度登場させる。この新聞の本文中に古文書の入手経緯について「かつて所蔵していた民間のキリシタン資料館『天草郷土資料館』が一九八五年に苓北町の旧家で見つかり、同所に展示されていた」とある。従って発見されたのは二〇〇三年であって、報道のあった二〇一七年六月二十七日ではないことは明白である。然も、その「天草郷土資料館」に既に展示されていたらしい。それを資料館の館長亡き後、館長婦人が自宅に持ち帰り、忘れていたものと記事の担当記者が言う。これが事実であれば不可思議な説明である。この私設博物館は「資料館《しりょうかん》」であって「史料館《しりょうかん》」とはされていない。筆者はここに拘りたい。その資料群の紹介は既に見たように世間に初お目見えではない。然も館長が亡き後、館長婦人が持ち帰っていてその存在がわからないというような資料の量でなく、記事には「資料群」と紹介されている。

断っておくが筆者はこの館長婦人の行動を批難するもでは全くない。批難されるべきはご当地の歴史研究に携わってきた研究者の見識であると思う。

記事によればこの文書は今日から遡れば十四年前の平成十五年に苓北町の旧家で発見された貴重な古文書として知られた存在であり、天草四郎の存在を確定できる文書と評価されていたものであることになる。だから私設の資料館を開設してまでも情報の提供をしたい歴史文献であったはず。館長亡き後、何処からも文書の管理について助言は全くなかったのか信じられない顚末《てんまつ》である。筆者もよく知る熊本大学、熊本県立図書館、熊本市立図書館、その他の大学図書館は沢山ある。教育レベルの高い肥後熊本を郷土とする、高名な翻刻家鶴田倉造氏もいる。これらの識者に一言問えば答えは違がったと思う。それともそれらの人たちが多忙を理由にして、相談に乗れなかったのか、深読みをすればその文書は「資料」ではあっても「史料」としての評価はないと判断していたものか。ならば今更発見されたとして、五野井氏の名前を借りてまでも大発見一大ニュースの扱いにしたかった西日本新聞の狙いはどこにあったのかわからない。五野井氏は島原・天草世界文化遺産の中心的立場であったと思う。

この記事は西日本新聞のスクープ扱いでネット情報として、筆者のスマホにも飛び込んできたから忘れようもない。こんな記事の扱いでは歴史上の事実として判断に迷う。

疑問三点について触れてみる。

① 十四年ぶりの発見とはいつから数えて起算したものか。報道の日より「十四年ぶり」なのか。最初に発見した一九八五年から起算したものかが明確でない。

② 最初に発見され資料館に展示したときの評価、即ちこの文書の学術的考察はどうであったか。信憑性について、一九九五年時（初回発見）と差異はあるのか。

③ ①②を基本見識として、この文書を重要文献とみるならば何故個人的な保管に頼らず、公的機関に保管について問い合わせないのか。

現在でもネット検索はできる。読者も近時に検索されたい。スマホは便利な科学の力であることがわかる。素人の手法でも武器にもなる。

★誤訳らしきその二

西日本新聞の見出しのサブタイトルに、「**額に十字架、手に御幣《ごへい》**」とある。

この「御幣」の意味は本来、神・主君・賓客に贈る帛《きぬ》（絹）。神職の神前式お祓い用具、白紙造りのもの（神社辞典と宗像大社、文科省関連部署、その他三か所の著名神社調べによる、仏門も調査するが、お寺は毛柱を使用し、紙片の物はなし）。この西日本新聞の特集記事には前にも見たように五野井氏はコメントを寄せているが、我らが底本とした神田千里氏もその自著（『島原の乱』一四四頁）の中で次のような解説をされているから紹介する。

「四郎は一七歳であり、普通の着物のうえに白い綾の着物を着て、（中略）、咽喉《のど》の下でとめており、額には小さな十字架を付け、手に御幣《ごへい》をもって総勢の指揮をとっていたという」。そして与四右衛門によれば「四郎は天草のキリシタン千六百人と島原よりの加勢二千人の都合三千六百人を率いていたという」。ここに御幣の用語を使用され、振り仮名もあるから、誤植ではない。揚げ足を取るようだが、額にある小さな十字架が判別できる距離ならば、四郎の手勢に拿捕《だほ》されて弄《なぶ》り殺しになっていよう。久留米の与四右衛門の文書は単なる感想文の域を出ない。改めて考証が必要であろう。

次の一文の典拠は上天草市刊行。大矢野町史3・『天草島原の乱とその前後』鶴田倉造著の一文を紹介する（同書九〇頁）。

「（前略）久留米の商人与四右衛門の証言にクルスを立て、手には御幣を持ち、白衣を着ていたとあることにもうかがえる」。ここでは「御幣」の用語に振り仮名がないからついうっかりの使用ということもあるかもしれないが、翻刻の大家の鶴田倉造氏にはあまりないことではないか。つまるところ、この使用は誤訳ではなく、与四右衛門の書き残した文にそのように書かれていたから、先行学者の諸氏には何ら問題のない処理であろう。明らかに与四右衛門が見た風景は、天草四郎が神祓用具《しんふつようぐ》の「御幣」をしっかりと手に持っていたように見えたのであろう。しかし、本当に見えたものであろうか考察をしてみる。

＊考察その一

久留米の商人与四右衛門の証言にある状況。

- 船頭の大膳により、商用のため、本渡沖に向かった。
- そこで海上に浮かぶ大型船に遭遇した。
- その大型船には白装束の集団が見えた。
- 大膳は、あれは一揆軍（叛乱軍ではない）の集団であり、近づくのは危険で港に帰る方が得策であるとして与四右衛門を説得して寄港した。

- この大型船は唐津藩（飛び地領）の富岡城（唐津城飛び地）を攻めた戦利品の船であり、そこには千六百人の手勢と島原から加勢についた二千人が乗っていた。合計三千六百人の一揆軍である（島原松倉藩からの分捕り船と、二百艘の小舟という説もあり）。
- その三千六百人の軍勢、白装束若衆の中から天草四郎の姿が目撃できたのか。額にクルスをどうやって確認したか。
- 筆者もそのあたりの地勢には多少の知識はある。まずそんな大型船が寄港できる港はどこにもない。
- 遠メガネでもないと、とても人物の特定はできない。

◉考察その一の結論

今日の常識ではとても歴史文献としては評価できない。但し、「軍記物語」の材料としては充分なものである。

この考察結果については筆者の独断である。然し吉村豊雄氏（元熊本大学近世学教授）は筆者と同じく、久留米の商人与四右衛門は天草四郎を見ていないと明確にされている（『天草四郎の正体　島原・天草の乱を読みなおす』一一四、一一五頁）。これは久留米の商人に「御幣」の知識がなかったのか、それとも後世の人物の創作文書である可能性も残され疑念は払拭できない。それに先行学者の考証に手が抜けていた一面もあろうと思う。「御幣」はどこの神社で確認しても神様の専用ツールである。知り合いのカトリック神父にも確認したが、残念な返事であった。

＊考察その二

やはり上天草市の刊行本『天草島原の乱とその前後』から引用する。

「しかし、四郎の実在性を疑う人は現在も絶えない。其の理由の一つは四郎の年齢は一五、六歳とされて、一揆の指導者としては若過ぎるのと、今一つは未鑑《みかん》の書にかかれていたとされる奇跡がとても現実味がないことである。しかし実在の人物であったことはたしかである。もちろん未鑑の書が実在するはずはないのであって、その四郎を売り出すための浪人たちの創作に違いはないことはすでに述べた（中略）。また久留米の商人与四右衛門の証言に「四郎は額にクルスを立て、手には御幣を持ち、白衣を着ていた」とあることにもうかがえると解説文を入れられている。

更に同書には大変に興味深い文書がこの後に続くから、もう一文を引用させて頂く。（同九〇頁後半）「（前略）四郎が実在人物だと考えられる根拠の一つは、四郎の親について確かな史料があることである」と鶴田氏の解説はこのようにあるが、この一族の信憑性については得心できかねる。父親は益田甚兵衛でよい。もっとも、吉村氏は、甚兵衛なる人物も実在するかどうかも自明のことではない（『天草四郎の正体』八九頁）という見方をされている。

母親がマルタ（洗礼名）としか書かれていないのに、どこが確かな親族であると言えようか甚《はなは》だ疑問である。他の親族名は本名と洗礼名が連記されているのに、何故母親だけは明記されていないのか上天草市の郷土史本は全く検証していない。先行学者が触れた形跡も全くない。マルタの日本名は開けられないパンドラの箱のようである。

◉考察その二の結論

上天草市の郷土史料にも他の本にも、天草四郎が実在したと言うことのできる証明はない。

四郎が実在したとする文献があるならば、また西日本新聞が大発見ニュースとして大きく扱ってくれるであろう。現段階では母親が日本人でないという可能性はなくならない。高瀬弘一郎氏の長崎混血事情は既にはっきりと示した。この解釈も先行学者の賛同を頂きたくて提示してきた一文である。

読者の皆さんも思い出して頂きたい。最初から母親は異国人であった可能性は充分にあるという見解を示していれば、何も問題はなかったのではないか。元々、キリスト教の活動はこのイベリア半島のポルトガル世界戦略、「デマルカシオン」に付随した布教であったと解釈しても、どこもおかしいところではない。現代の日本史の学術は事実を直視しなければならない。一六世紀にあったザビエルの上陸とキリスト教の布教を認めることが、どこに都合が悪いのか。日本の学会はスペインからとんでもない苦情が来るとでも思って、忖度しているのかと邪推する。

話をまた少し広げてしまうようだが、韓国・中国・東南アジアに対する歴史的見識の定まらないところに相互の不信感がある。自国の主張だけではどこにも解決の道はない。イベリア半島の布教上陸に対する直視と同根ではないか。歴史的外交をすれば必ず日本は不利になるという論域を掲げたメディアもあったが、この新聞は火付けの煽動はしたが、その落としどころを国民に示すことができなかった。国民はそこを見なければ歴史に学んではいない。政治家の判断に助言できるだけの見識がなかった。

それは日本国民を説得できる宗教知識を体得する姿勢に欠けた。熟読・熟慮をしていなかったのであろう。先行学者に責任の一部がある。

筆者も一歩譲ろう。「御幣」に対する筆者の知識は調査の範囲であり、これは日本宗世界での証言である。キリスト教関連でも同様なツールがこの時代に、ことにカトリック教会ではあったかもしれないから断定するところではない。

この結論は「天草四郎」の存在を願う先行学者の意見に期待する。但し、ここでは筆者は強く直言したい。これらの「御幣」に対する解釈の違いを指摘するのが筆者の目的ではない。この一文の流れは先行学者の過ちではない。事実、久留米の商人であった与四右衛門が遺《のこ》した文書に基づいて忠実に訳したのである。与四右衛門もそのように見聞したと書き残していれば、それは間違いではない歴史学の作業である。然し、考証に欠けている点は否めない。「資料」の中から歴史学術に役立つ「史料」の選別ができないから、考証の時間と、経費が不足したのであろう。結果、文書の中の「特別な事情」のいたずらな羅列が四郎の年齢を判然とさせていない。だからすでに読者は訳がわからなくなっていると思う。この年齢の適当な表示が次に問題を起こす。それは後節に至ったときに詳しく触れよう。いずれにしてもこのままでは郷土史の域を超えられない。

★誤訳らしきその三

この部分の指摘は幾分、筆者のトーンは低くなる。

「額に十字架」とあるが、十字架（クルス）は鉢巻が邪魔になり、戦いになれば飛ぶこともあろう。クルスは「胸に十字架」ではないか。別に額にしていても間違いではないが、筆者の近隣にカトリック教会があり、交流するカトリックの神父がいる。十字架はいつも胸に垂れている。この文書は久留米藩城下の商人与四右衛門が船頭の大膳と共に体験したことによるものらしい。らしいという表現は先に紹介した、元熊本大学近世学の専門学者である、吉村豊雄氏が退官記念本の中でその与四右衛門は天草四郎を見ていない（『天草四郎の正体』一一四頁）と明言されているから、もう一度、念を押しておこう。

筆者はその地を見聞しているが、今でも一艘で三千六百人乗れる船が入港できる港はない。また往時の軍船が大きくて、とても舵は取りにくく、小舟船団で囲まれて火矢でも放たれたらひとたまりもない。別の解釈で天草四郎が小舟船団で移動していたとすれば、何艘の船がその海上に浮かんでいたのか。どの船に乗って四郎はクルスを額に当て、御幣を如何に振ったものか全くわからない。遥かに歴史学考証の域を超えた話であり、整合性も合理性もない日本史になっている。これはやはり科学の力を借りて大量の「資料」を解読し、歴史学の検証に耐えられる「史料」をまず確保するところから始めなければ、全く前には出られない。先行学者のご苦労が偲《しの》ばれる。

筆者は反省しなければならない。いたずらに先行学者の引用文を並べても独りよがりの説明にしかなっていない。ここから読者の立場に近寄り、筆者の疑問点として話を進めなければいけない。

◉読者がどうしても知りたいことその一

天草四郎「赤毛文書」の証明。山田右衛門作が四郎の名代として旗印を帯同させていたことは日本史の愛好家ならばご存じの語り口である。

先に引用した「四郎《しろう》の毛赤《けあか》ク御座候《ござそうろう》」なる文書は落人である雅樂助が、幕軍の指揮官の板倉重昌の取り調べに対して証言した文書として紹介した。しかし、この雅樂助は身分の低い者であり、総大将の天草四郎の姿を見られる立場の者の証言として信憑性に欠けるものとされている。これは誰の判断であろうか訝しい処理である。

普通の判断であれば「身分の低い人の証言は誰に対しても忖度・遠慮も不要であり、正直なものとして信用される」ものという判断が合理的であろう。雅樂助が板倉重昌の前で虚言を弄する理由がない。その雅樂助の証言を否定する理由がわからない。これも浅学うえの判断であろうか。それとも賞金目当ての虚偽証言か。そんな話は全くない。

仕方がないから、筆者も身分の高い者の証言文書を探すことに心掛けた末、やっと探しあてたから自信を持って読者に紹介したい。叛乱軍の唯一の生き残りである副将山田右衛門作が天草四郎時貞の存在と人相を知らないはずはないという検証の一文を見せよう。

釈文

「籠《こも》り候てより以後《いご》四郎ハ不罷出《まかりいでざり》候、名代島原《みょうだいしまばら》ニ有之《これあり》候絵描右衛門作《えかきうえもんさく》と嶋原浪人忠右《しまばらろうにんちゅうう》衛門《えもん》と申者両人《もうすものりょうにん》四郎印《しろうのいん》を持《もた》せ廻《まわらせ》候」。

解釈

四郎殿は、原城内に籠りなられてからは、外に出られることはなかった。従って島原藩松倉の家臣であった絵師の右衛門作と嶋原の浪人（旧有馬藩）、忠右衛門という両人に四郎の名代として、四郎印の軍旗を持たせて、味方の軍を鼓舞するために巡回させたとある。

ここでは四郎の名代としての、役向きを仰せつかっている状況を示す古文書の解説である。であるにも拘らず右衛門作は四郎の人相、風体を全く知らぬ生き証人の扱いである。四郎の首実検にも立ち会わせていないという解釈が当然のようになされている。

そんな馬鹿な考察があろうか。籠城の死闘の中で右衛門作は四郎の御旗印を授かる立場であるという特別な主従関係にも拘らず、総大将に挨拶もなく、軍旗を掲げ城内を巡回するものであろうか。

これらの文書は偽造か、それとも検証が真面目にされなかったのか。又はどこからか圧力があったのかと推量が働く。この一文を以て学術の検証ならずとするならば、どんな文書を用意しても四郎の「赤毛」も「混血児（日本人同士以外の交流により生まれた子であり特定人を示さない）」も謎のままということになる。先行学者がここを論じられた形跡は見られない。過去に於いて、こんな文書は全く、検証もされたことはないという、逆の検証をすることになるのではないかと強く問いたい。読者も筆者の後押しをして頂きたい。

また、別の見方をすれば、こんな文書は後世に於いて、作為的に作成されたもので、カトリック教会を冒瀆するものとの強い抗議でもあることを予想したものか、浅学の筆者には全く見当がつかない。我らはつとめて日本史の解読に当たる者であり、キリシタン史の隅《すみ》をのぞくことを目的とはしていない。

そこには大きな偏識が横たわる。四郎が赤毛の混血児であってもよいではないか。高瀬弘一郎の著書（『キリシタンの世紀』一七九頁）でも見られるように、当時の長崎事情では司祭たちの混血児は珍しくないと明記している。イベリア半島のポルトガル戦略は本書の中でも、強く読者に説明してきた。奴隷としての人身売買もあったことは秀吉政権の禁教令で確認してきた。ここを学術的に究求し、論ずるとローマ法王庁のあたりから苦情を挟まれたくないという、手探り状態の研究であったのか。それでは歴史学の「おとなの解決」が見えない。たとえローマ法王庁から何らかの意見があったとしても、それは世界史・政治の範疇であり、日本史学での見解で説明すればよく、それが相手を説得できないからと言って、日本史を修正する必要など全くない。この見識は今、混沌として出口の見えない「中韓歴史問題」と目線がダブって筆者には見えてしまう。

自国の正当性は当然に主張すればよい。然し、相手を見ずして自国の姿も見ない歴史学のどこに未来があろう。学者がどこか直視を避けて、鹿鳴館の大衆ポピュリズムに迎合した匂いを感じる。筆者のこの疑問に対して読者の正論を伺いたい。

幾分、強弁になっていることはよくない。筆者の不遜な物言いにお叱りを頂き、謙虚にまた日本史学に挑戦したい。

◉読者がどうしても知りたいことその二

何故に四郎の出自、年齢がこうも違うのか全く異様である。早速、神田氏の一文を借りよう。

「(前略)天草のキリシタン一揆は蜂起するに際し、一五歳以下の子供は総て親が手に掛けてから蜂起した」という文献(『島原日記』より)を引用されていることは、既に紹介している。ここで再登場して頂いたのは一五歳という年齢で首をはねたというところである(『島原の乱』五四頁)。同じく、(同書三三頁)「長崎からやってきた牢人甚兵衛という者の子で年十五になる四郎という者です」と神田氏は書かれている。

そして最近注目されている文献では尾張徳川家から発見された名古屋市蓬左文庫所蔵の『天草陣雑記』は既に紹介した。その中の文書によって、天草四郎は有江監物の娘を娶っていたことが判明した。ここでは四郎は寛永十五年(一六三八)に「一六歳」で死んだとされており、元服年齢は過ぎていたから、妻がいてもおかしくはない。これは大変な文書の発見で、その発見者の鶴田倉造氏は「細川文書の中に「四郎が死ぬとき、横で介抱していたおんながいた」という記載があったから、そのおんなが四郎の妻であるかもしれない」（宇土市教育委員会刊行本）というお話になっている。むろんこの話は断定されているわけではないが鶴田氏は、『新宇土史』普及版で詳しく紹介されているという記事もある（熊本日日新聞）。

この有江監物が四郎の舅という立場で、今までの総大将の四郎を超える総大将という役向きでこの郷土史の世界に登場してきた。この文書の考証はこれからであろうが、既に郷土史では又、新説が挙げられひとつの軍記物が書かれていくことであろう。そこには史実であろうか否かは関係ない文字が並ぶ。

天草半島の皆さんには愉《たの》しい展開であろうが、筆者の思惑はそこではない。四郎が一六歳（一五歳説もある）で、元服年齢を超えているから、嫁を娶っていても不思議ではないという解釈である。一揆の頭領である天草四郎時貞は一五、六歳で所帯を持ち、やがてこの四郎の嫁が孕《はら》んだ、四郎の子供を語る文書がどこからか確信を持って発見されることにもなろう。またどこかに現在も四郎の末裔がいるといって地方紙を騒がせるであろう。それはご当地と鶴田氏の都合で決まるかもしれない。

それより神田氏本の中で「一揆軍は一五歳の子は首をはねられる対象とされた」とあ

る。また早稲田大学の現役教授の大橋幸泰氏はその自著（『検証島原天草一揆』五七頁吉川弘文館）では俯瞰《ふかん》的見解として「近世期の惣百姓一揆では、通常一五歳から六十歳の男性が参加するという形態となり、その頃には女性は不参加となる事が原則となった」と『百姓一揆とその作法』（二〇〇二年　吉川弘文館）から引用されている。また幕軍総大将松平信綱の嫡男で松平輝綱《まつだいらてるつな》の島原従軍日記として「島原・天草日記」が存在する（『続群書類従』四）。これは乱の終結数年後に回顧録として書かれたものらしいが、往時の合戦状況を詳しく語る文献（異議、異論多数）として、先行学者は都合よく引用されるから一文だけ筆者も引用してみる。「おんなは一四歳以下では戦力にならないから自ら打ち首に臨んだ」とある。

好き放題に書かれている。これでは読者も筆者も全くわからない。四郎や子供の年齢はその文書にそう書いてあったから、そのように引用することはどこもおかしくない。無理に年齢を改竄《かいざん》することは〝学者の立場ではない〟の声が聞こえてこよう。しかし、もしそんな声があるとしたら笑止な話ではないか。

叛乱軍総大将天草四郎時貞は（ここでは益田四郎時貞ではない）「かづさじゆわん」

の廻状で日本全土に一揆蜂起の号令を「デウス」の名を借りて庄屋・をとなたち（村世話役）に押し込んでいる。であるにも拘らず「四郎殿」は自らは一六歳で妻を娶り、場合によっては児を孕《はら》んでいるやもしれない。所帯を持ち、他方で四郎とデウスを慕う若衆には、「一五歳以下は打ち首の対象にせよ」とする蜂起の号令はどんなものであろう。

当然そのように書いた文書があったから引用したのであろう。然し、これは単に過去の時代に書かれた文字を並べただけの作業であり、時代の考証が全く活かされていない。

山のような資料に囲まれて、どれが日本史の学術に役立つ史料か、選別と考証が適切にされたものか、一般読者にはとてもわからない。「資料」は沢山あるが「史料」がない。筆者もわからないが、日本全国の歴史学愛好家も全くわからない。これではスマホを抱える若い人はいても、歴史学に憧れる若い学生はいなくなるのではないか。これでは不安ではあるが、不満も残る。

因《ちな》みに、吉村豊男氏の『天草四郎の正体』五二頁の中では四郎の年齢は「一七、一八歳」と表記され、熊本細川藩《くまもとほそかわはん》家臣の道家七郎右衛門《どうけしちろうえもん》の報告を引用している。これでは「四郎殿」はとても特定することはできない。

◉読者がどうしても知りたいことその三

最近、ある雑誌に実名ではっきりと物を申された人がいる。既に読まれた人は前に進まれた方がよいがとにかく紹介したい。

「大河ドラマがはじまるとゆかりの歴史的資料が次々と発見される」。「真田丸」や「直虎」の仕掛け人はＮＨＫ？　それとも研究者？

こんな見出しである。ここで見出しはどうでもよい。

この中で「研究者にとって、考古学的発見が新聞の一面に出るかどうかで文科省から出る研究予算がガラッと変わるので発表の時期は重要です。タイミングがよければ一般の人の注目も集まりますし。しかし私は研究者として、重要な発見であればすぐ世の中に公表されるべきだと考えます」（大阪大学名誉教授の猪飼隆明《いかいたかあき》氏）。

筆者はこのご意見に全く同感である。当然、研究には時間も経費も掛かる。しかし文科省の政治的判断基準について語る知識は少ない。不満はあっても、それはひとまず横に置いて、歴史学会はこれまで、充分なる研究費に値する結果を出して、国民と文科省の期待に応えてこられたのか。

文科省の評価は不当であるとするならば、しっかりと国民を味方にして、先行学者は考えるべきであると思う。日本国民にとって日本史学を疎かにしてよいと誰も思わない。「世界史」は必須科目で「日本史」は選択科目扱いでよいと思う国民はいない。

僭越ながら、日本史に於ける関係各位は文科省の言う「明日の日本の社会に役立つ科目」として、その立ち位置を念頭に置いてこられたかと疑念に思う。益田四郎時貞は学術案件としては遠いもののような気がする。この文意は度々登場する本書の趣意である。読者はこの説をしっかりと熟考しながら味わって頂きたい。

読者の皆さんにひと呼吸ついて頂き、ここからの文脈を理解して頂ければ学習の殆どが終わったと思われても差し支えない。その前に少し、筆者の豆知識を披露して頭を休めて頂こう。

☆ついでの豆知識

この知識は軽々には披露するところではないが、全国の読者にしっかりとご理解を頂く思いで説明しよう。まず誤解され易い言葉として「隠れキリシタン」という言葉があることはご承知であろう。問題はその言葉の使いようにある。信仰の自由である現在の日本では何処にも隠れることはないように思う。その通りである。そこでもう少し言葉を加えなければいけない。該当する信者の皆さんの間では「隠れキリシタン」と「カクレキリシタン」の二種類の呼称が使い分けられている。

＊隠れキリシタン（ここでは潜伏キリシタンと同意とみておく）

明治六年（一八七三）、明治政府は、それまであったキリスト教の禁教令を廃止して、信教の自由の高札を出した。一般的によく使われている呼称で、近世の江戸幕府が禁教令を出し、信徒に弾圧を加えたとき、外見は仏教徒のように偽装棄教を装い、内心はデウスの神を拝していたが、禁教令が廃止されるときからカトリック教会に帰属し、その存在は誰憚《だれはばか》ることのないクリスチャンとなった人たちを言う。彼らは心から一途のキリスト教の信者で、幕府のあらゆる迫害と弾圧に耐え偲んで、心をひとつにした集団又は個人である。直接に情報を共有していたかどうかは、断定されないが、信者として共有する行動はあった。それは「オラショ」と呼ばれる礼拝行為である。オラショとはギリシャ語で「祈禱」「祈り」を意味する。長崎県の中島通《なかじまどおり》（五島市）、外海《そとめ》（大村市）、生月《いきつき》（平戸市）等。この隠れキリシタンと呼ばれた人たちは必ずしも、共通したオラショを口していたわけでなく、賛美歌のようにリズムを付けた信徒集団もあったようである。

いずれにしてもこれほどの信者が存在してきたということは、既存の日本宗が歴史的に大衆の期待に応えきれていなかった一面があったことは否定できない。

＊カクレキリシタン

明治六年、信教の自由の高札が出された。このことは先に見たが、この立場の信徒たちの中で、カトリック教会に所属することなく、独自の密式宗教を拝し通している信徒たちを言う。この人たちはカトリックの神父の考えに沿うことはなく、自分たちのご先祖の唱えてきた教えを神の教えとして守り、今日まで継続信仰をされているとされている。表《おもて》室内は仏壇と神棚を置き、浦《うら》部屋・隠し部屋（裏とか、隠しと言う表現は互いの宗教間の上下を表すことではない）にイエス・キリストやマリア像を拝して自分たちの先代、先々代の教えを固く守り貫いて現在に至る。今なお、教会に所属しない独自の信徒たちもいるという話も聞かれる。

「カクレキリシタン」と言われる人たちが「隠れキリシタン」と自ら区別されるのは我らは誰からも隠れることなく、自らの信念に基づきたるキリスト教の道を信じてきたとするからである。彼らにとってキリスト教は舶来宗教ではなく、自前の宗教であると筆者は学んだ。彼らにはカトリック教会の神父を必要としないキリスト教が存在していた。

この程度の解説で得心のいかない読者は、現役の大学教授が「カクレキリシタン」の著書を出版されているから、読まれたら詳しくわかる。なお筆者の拙《つたな》い付記で失礼があったとしたら、腰を深く曲げて、お詫びしておきたい。宮崎《みやざき》賢《けん》太郎《たろう》著『カクレキリシタンの実像　日本人のキリスト教理解と受容』（吉川弘文館）。長崎純心大学教授。自らのことを「カクレキリシタン」として紹介し、講演されていると聞く。

次に筆者が本書の全体を通して基本的には同意はするが、部分的に異論がある箇所に対して触れる。

●異論・同論その一

確かに、島原藩領の松倉重政、勝頼親子の圧政、苛政は度が過ぎたであろう。だから、この親子の所業は結果も度量も大きく不足した。親子のどちらか一方がまともであれば、歴史の流れは違ったであろう。それは三代将軍徳川家光の江戸幕政の初期（慶安三年・一六五〇）頃は安定を欠いていた。この後には慶安の変「由井正雪の乱《ゆいしょうせつのらん》」（慶安四年・一六五一）もあり、また、豊臣恩顧の外様大名の謀反や大坂方の残党の勢力に対して、力技《ちからわざ》には徹しきれなかったことに起因している。そこで老中幕閣中心の統一政権であり、家光をして〝予は生まれながらの将軍である。（中略）異論のあるものは申し出ろ、徳川全軍をもって攻めてくれようぞ〟と啖呵を切ってしまったが、往時は松倉親子以外でも幕藩体制下にあって少なからず苛政はあったのではないかと思う。

本書のテーマは「島原の乱」であるから、全国の大名の失政を多く並べる必要はないが、さりとて松倉だけが最悪の大名であったのであろうか。歴史に、もしもは禁句であるが、安定の実感の持てない大名は、家光に対する得点稼ぎの思いも当然の心境であったろう。自藩領内で切支丹が大勢を占めていたとしたら判断も揺れることもある。

特に父親の重政はポルトガルとの貿易に魅せられていたとの記録もあり、実力以上に自らを大きく見せ、振る舞おうという野心もなくはない。松倉重政は有馬晴信の後の入植時には進んでキリシタン大名になっていた。

島原城の新築と財政の立て直しを急いでしまったことに起因するものであったと思う。松倉一族に同情するつもりはないが、こんな結論は珍しくない。蓄財は高望みをすると、今も昔も下手をする。歴史に学べ、まさしく歴史に学ぶ賢者となるべし。

一連の史料は切支丹が可哀想、悲惨ということを語る文書の引用ばかりが目に付く。隠れキリシタンを知らない学者はいないが、隠れ念仏を知る学者は少ない。歴史を示すその引用文献は、ルイス・フロイスなどのイエズス会の神父による日本報告レポートばかりの連弾。如何に切支丹が残忍な扱いをされていたのかというものが多い。

そしてキリシタン史のこの傾向の先行学者に筆者は少し異論がある。それは日本全土で頑張る切支丹の姿。それもポルトガルサイドのイエズス会総長相手の報告・レポートばかり。それ以後は徳川幕府の筋書き、工作による文書と言われるものが多い。飛躍したたとえで顰蹙を買うだろうが、「島原の乱」案件の日本史はキリシタン史のついでにあるようなもので、まるで大リーグ野球のルールにただ諾々として、従服の枠外に出ることを許されないが如き学術的な姿勢を感じてしまう。残念である。

●異論・同論その二

筆者は専断の批判を承知で敢えて言う。誰に遠慮して訴求を欠く日本史になっているのか。殆どの著書が切支丹の悲惨さを伝えるその端から役人の仕打ちにめげず、信徒は一致団結して、我々は切支丹であることを改宗せずとしている。負けずの姿勢はよいが、こんな文書があるから紹介する。神田千里氏の『島原の乱』（中公新書）から要約して紹介しよう。

切支丹大名有馬晴信の嫡男の有馬直純（徳川家康の娘婿）が、幕命により日向に転封指令を受け、家臣に棄教すると共に宣教師の定収入を剝奪し、領民に宣教師との接触を禁じ、宣教師には領内からの退去を命じた（一六一二年十月十日ルイス・セルケイラ書簡『イエズス会と日本』二）とある。棄教の強制に対し、家臣たちの中には知行を失うことを恐れて、表面的には命令に従うという面従腹背の態度を取るものもいた。全面的に拒否する者もいたし、夫が棄教した場合、同居を拒否した妻もいた（同書簡より）。

特に「農民・商人・職人、その他この種の下層の人々」は概して、「非常にキリスト教的な態度」を取り、有馬・口之津・島原有家などで多くのキリシタンが「この国民のやり方に従って」血判を捺《お》したり、誓約と署名が入った証文を作成して、「死罪を受けても棄教しないこと」を決議した。「殿」即ち直純が、口之津のキリシタンたちにこの決定の首謀者が誰かを訊問《じんもん》すると「全員が首謀者である」と答えたという（同書簡より）。

更に神田氏の解説は続く。勝俣鎮夫《かつまたしずお》氏の一文を引用して「中世では、ある目的に対して「全員一致」の決議をする、即ち「一味同心」の決定を行うことは、一揆を結成することを意味していた」と念を押すように紹介されている。

この藩主直純の訊問に対して首謀者を隠すことに主眼があるのではなく、一揆においてはまさに「全員が首謀者」なのであると締めてルイス・セルケイラ書簡を引用している。『島原の乱』の小見出しの表題は「有馬直純のキリシタン迫害」（九〇、九一頁）と記されている。

宣教師の書簡の一文の紹介はそれでよい。しかも、それがルイス・フロイス（ルイス・セルケイラではない）たちの関連の書簡であれば浅学者の筆者も何の不満もない。多少の誇張はあったとしても殆どが事実であろう。これはこれでよいが、焼き打ちされた仏門信徒、僧侶、神官の事情が語られていない。

キリシタンの対応、信徒の心情は極めて事細かに行き届いた解説であると思う。まさに神田氏がキリシタンらに同席でもしていたかの要約文の解説である。さぞかし全国のキリシタンも喜んでいよう。だが合点がいかない。所謂「日本宗（八宗派）」の文献は少なかろうが、それを探す努力はしたのであろうかと不満が残る。神田氏の本を批難するつもりは全くない。この『島原の乱』を筆者の底本にすべきとしてご著書を参考に選んだくらいであるから敬意を表したいが、どの著書も年号とカタカナが多く、ザビエルとルイスの文献に頼った日本史のイメージが強く漂う。天草四郎案件は日本史で語らず、世界史の範疇に入れてはと思うくらいポルトガル、イエズス会キリシタン文献による解説が多い。

ポルトガル文献を紹介して、賛同することは既に一九七〇年代からしている。学会にしても、仏門神門の事実を語らないと片手落ちであろうと思うのは筆者だけであろうか。

確かに日本の歴史上、仏門は明治時代に廃仏毀釈等もあって文献が不足していよう。また品格を欠く物言いかもしれないが、宗教に関するものは日本宗も他宗もガードが堅いという批判はそれなりにある。筆者もよい話が聞けると期待して二〇か所ほど、神社仏閣を訪問し、中には大学の先輩が住職をされている寺もあったが、基本的に他教の話に触れようとはされなかった。ガードが堅いというよりも、他教に関心はないといった風情であった。筆者自身が姑息な生き物のように思ってしまったほど、重圧感があった。

調査の実態はそれであっても、イエズス会ばかりの文献だけで日本史は語れない。熟慮型にも思考型にもかなり遠くはないか。先学者にも一般読者にもわかり易い解説が欲しい。

●異論・同論その三

近時、日本史は総じてクイズ番組仕様でないとウケないという空気でもあるのか。それが事実ならば、これからも日本史の真の姿は遠くに彷徨うようなことになる。確かにクイズ番組も歴史学の啓蒙に無益とは言わない。磯田道史《いそだみちふみ》氏の女性ファンも多いと聞くが、また一面でタレント化したようなものいいが多い。磯田氏には学者として毅然と教鞭をとり、学術に活かされることに期待したい。

　昨今、他の分野では中学生くらいの若い人が感心するほどの優れた才能を見せられることがテレビ番組などで多々ある。中学生くらいの若い人が軽快に且つ、爽快にその意を読んで、大人が驚嘆するくらいに、古文書を解説してもどこもおかしくはない。このように古文書、歴史文献を皆の近くに置いて歴史に学ぶ賢者にならなければならない。

　例えば、大胆過ぎるが島原天草案件は、今のままでの正否は別にして、近年の韓国従軍慰安婦案件と同じで、どの部分で齟齬《そご》を生じたかを争論しても前に出られず、さりとて譲歩もならず、歴史に学んだ姿も見えず、解決の糸口が見えない。江戸時代の幕政批判が全てのような文脈や、さりとてイエズス会宣教師の苦悩紹介文に偏識（例えばフロイス報告）がないとは言えない。この傾向は同じ歴史の轍《てつ》を踏んでいる恐れはないかと危惧する。このたとえ話は必要であるから筆者も度々引用する。「島原の乱」案件を語る文書の引用は数えきれない本数（五〇本超）である。そしてその文献は洗礼でも受けたが如く同じレベルで語られている論調が多い。また郷土史特有の有志・史談会による研究文書も多い。従って内容は詳し過ぎて理解できない読者もいよう。カタカナと年号が頻発し且つ、登場人物が多過ぎる内容ばかりで暗記どころではない。このタッチで「思考型科目」にできるだろうか。明らかに新書のレベルを超えた解説。熟慮など寄せ付けない内容と思うは、筆者の理解度が低いということであろうか。

筆者が読者と共に選んだ底本の著者神田千里氏の意見を聴こう。少し長い引用であるが紹介したい。

「戦後の歴史学でも宗教や信仰などは歴史の重要なテーマとしてこなかった。こうした科学的合理性から遠い印象を与えるものは、例えば島原の乱の原因を考えるに際しても、重視することには慎重な態度をとってきたのである（中略）。しかしその一方でこうした態度が宗教の存在をなるべくみないようにする傾向を生んだことも否めない。甚だしい場合は、宗教を無視する態度、宗教音痴に徹することが「科学的」であるとするような風潮すら生んだ」。これでは筆者は一言も付け加える必要がない。

●異論・同論その四

大橋幸泰氏はこの叛乱事件の呼び名に拘りを示している。「島原の乱」の呼称には二つの問題がある。ひとつは一揆が展開した地域を正確に表していないことであり、もうひとつは「乱」という表現に、ある歴史的評価が加わっていることである（『検証島原天草一揆』一八七頁　大橋幸泰　吉川弘文館）と自著の中で解説している。

筆者もこの本の表題に拘りたい。前にも説明したが、この事件の呼び名が色々あり過ぎて喧《やかま》しい。軍記物ならば幾らあってもよいが、学術的にはひとつあれば充分であり、その方が解釈に迷いがない。何故に複数の呼び名が必要かその理由がわからない。いたずらに呼び名を増やし、自説の信者を獲得しようという意図が見え隠れする。例えば、赤穂義士関連も巷間では「忠臣蔵」、「赤穂浪士」とか色々言われるが、学術的には「赤穂事件」のひと名で解決させている。おとなの姿勢であり、わかり易い。

旧有馬藩の原城に籠城した時点で「島原の乱（叛乱）」で筆者に迷いはない。島原で起きた争いは「島原一揆」であり、天草で起きた争いは「天草一揆」である。然し、原城に籠城したときには、総勢で三万七千の軍勢を揃えた時点で、これは一揆というような小競り合いの規模ではなく叛乱である。幕軍一二万と対峙したこの状況は「一揆」のイメージではない。旧有馬藩領の島原での蜂起であり、天草一揆は継続的な小競り合いである。ポルトガル船の停泊基地の口之津も島原沖であり、「かづさじゅわん」の蜂起の呼びかけも島原である。舞台は島原で何の問題があるのかと思うがどうであろう。天草は単なる地名であり、表題に付けなければ歴史学的議論が出来ない要素は特にないとみる。もし、日本カトリック教会が天草の表記を入れるべしという見解ならば「加津佐じゅわん」(ここでは「かづさじゅわん」ではない)の廻状も「加津佐、天草の廻状」と最初から入れなかったのか説明が欲しい。筆者は本書では読者の了解を得て、敢えて「島原の乱」と呼称を揃えたい。当然に他者の版本が表題に何と付けられようが、それを問題にする必要もない。

再び大橋氏の一文を借用して、率直な説明を皆さんに伝えたい。筆者はここで充分理解できた。いつも長い引用であるが現役学者の真実の声を紹介しよう。

「この島原天草案件は関連史料が大量にあることから、容易に手をつけてしまうと収拾がつかなくなってしまうのではないか、との懸念があったからである。史料が断片的にしかない研究対象からすれば、あまりにぜいたくな悩みかもしれない。しかし、実際、同時代の史料以上に、一揆物語や俳邪論など島原天草一揆に関わって後世に創作された史料も少なくなく、史料分析の方法と視覚をしっかり見定めなければ、膨大な史料に分け入っていくことがためらわれたのである」（『検証島原天草一揆』一九三頁）。

わかり易い説明であり、大橋氏に敬意を表し、深く御礼を申し上げたい。

第二節　四郎は、パライソ（天国）で信徒に出会い微笑むことができるのか

ここは度々登場するテーマであるが、筆者の中では中々に解決ができないことである。色々な学者の本を手にしたが、詳細については文書の引用が異なるから文脈も当然違う。しかし全体としてのイメージは共通して「天草四郎時貞の姿を見た人は誰もいない」とか「それは疑わしい」といったところで文末を結ぶ。

長崎の旧家には古文書が沢山あると言われていることが事実かどうかは知らないが、

既に皆さんに説明してきた。この中から日本の歴史学に貢献する文書の正確な活用が望まれるし、期待もされる。

天草四郎時貞（益田四郎時貞ではない）が全国の切支丹信徒に蜂起を促して、島原の原城に幕府軍の一二万人を超える手勢を集められたとしたら、どんな戦いをして、どんな結果を残したであろうか、全く想像がつかない。一二万人と一二万人が島原半島で激突したら、幕軍は更に軍勢を送り込むことになろう。それで叛乱軍が勝利して、徳川幕府が崩壊したとすれば、切支丹信徒と四郎殿は政権を取るのか。それでは無傷でポルトガルは日本国を植民地にすることになる。この推量が当たっていたとしたら、それはポルトガル作戦の思うがまゝである。それはどんな前途が予測されたかわからないが、徳川幕府の全面禁止令の判断が間違っていたとは言い切れない。

〇ここから筆者の独自の解釈で読者の皆さんに迫りたい。

原城叛乱軍には常に「四郎殿」の影がちらつく。籠城という作戦は優秀な作戦参謀が必要であろうことは当然であるが、さらに絶対必要な条件がある。

＊その一

•難攻不落の城壁防御作戦。この時代籠城作戦の見本は大坂城の夏の陣であろう。作戦参謀は真田幸村ということになっているが、今はその話ではない。原城は海を背にしていたから、幕軍の海からの攻撃はないという判断であったのであろう。ここの判断はこれでよい。

＊その二

•援軍のあることが期待できること。籠城で守りぬいていれば、必ず援軍があること。問題はここであろう。「四郎殿」はどんな援軍を期待していたのであろうか。

•「かづさじゆわん」廻状で全国に蜂起と支援を呼びかけた結果として応援軍の期待があったのであろうか。先にも見たように全国に廻状をどんな手段で届けるのか。伝書鳩であろうか、それとも切支丹コンフラリアの極秘の伝達網によるものか。それはそれでよしとしても、信徒応援軍は誰の統率で、どんな武器を持ち、到着日数の計算はどうであろう。筆者が素人計算をするが、どんな計算をしても五〇日は必要であろう。叛乱軍はそれまで持ちこたえられようか。

・問題はその援軍の移動を幕軍は黙認しないから島原には無事に到着できるか疑問。キリシタン大名が加担すれば違うかもしれないが、幕軍は五〇万丁の鉄砲を集めることができる（八三頁にて説明済み）。

・ポルトガル船からの砲撃援軍が期待できたものか。そんな一文は「かづさじゆわん」の廻状にには全く書かれていない。これらの援軍の条件を見てもどれも定かではない。

＊その三

籠城軍の精神的な団結は絶対必要である。この点はどうであろう。四郎と牢人と農民たちは同じ目的で参加していたのか。農民信徒の真意はわからないし、戦力としてもどうであろう。牢人たちの気持ちはひとつであったろうか。純粋にデウスに気持ちを寄せた知恵者であったのか。幕軍と戦い手柄を立て、なんとか徳川政権の中枢に手を出したい野心の牢人はいなかったのか。

＊その四

「四郎殿」の戦いの目的が籠城軍に明確にされていたのか。

今更と思うような話であるが、一万人を超える投降者と三万七千人（投降者一万人を含）の手勢の戦闘能力はどうであろう。本書も終盤であるから筆者の感想を明確にしておきたい。筆者はお叱りを承知で言葉にしたい。叛乱軍の一万人の投降者数に疑念がある。そして籠城軍の三万七千人の総勢も信じ難い。

籠城していた、おんな子供を自害、殺害させて「パライソで再び会おう、先に行き我らの行くを待て」の文書の存在が事実だとしたら、とても共通目標のある戦闘部隊の頭目の発言ではない。「かづさじゆあん」廻状も後世に誰ぞの手により、創作されたものである可能性も完全には捨てきれない。

再々登場させるこれら四点の条件をすべて勘案しても、とても準備周到な籠城作戦であったとは思えない。自殺行為でしかないと思うのは、無宗教の筆者故の結論か。

農民信徒たちは蜂起理由の材料にされたのではないかと筆者は要らざる見立てをする。

四郎殿は姿も見せず農民信徒を道ずれにして、デウスの神に何という言葉を用意するつもりであったのか。

伴天連もポルトガルも死者三万七千人の結果に何の責任も取っていない。追放伴天連マルコスは、牢人と農民信徒をけしかけただけで何の援助もしなかった。横目で眺め、見殺しにしたのではないかと反論を承知で訴えたい。これは日本の歴史学上に残した大きな郷土史の謎かと思うが、読者は一歩前に出られたであろうか。

ポルトガル船からの砲撃援助など不要であり、幕軍もオランダ船からの砲撃をさせないで、日本人同士の力で戦うべきとのやり取りも、交換矢文にあったというが、全く理解の外にしかならない解釈である。最大の目的は「じゆあん」の廻状で全国から信徒を原城に集めて、皆で死ぬことであったのであろうか。ポルトガル船の砲撃援助を受けて、迷える子羊と貧しい信徒が生き残ることを考えるのが総大将の「四郎殿」の役儀であろう。こんな思考は江戸の時代でも現代でも変わるものではない。これが語れない日本史ならばどこにも学ぶところなどない。これでは筆者も読者もわからない。ここでも日本史は賢者のよい答えを用意できていない。

○宗教は誰のためにあるのか。

豊臣秀吉は嘗《かつ》て、伴天連追放令を発令した。同時に人身売買を禁止し、混血児を伴天連と共に国外追放した。これはある種のキリスト教禁止令ではあるが、完全なものではなかったと言われている。その見方には与しないが、その見識はそのままそれでよい。それよりも太閤秀吉の偉かったところは、伴天連がいなければ強引に布教を企てる者はいなくなる。キリスト教を信じるのも、改宗をするのも本人判断によるものとした布令であったことは、前にも本書で触れたことである。この時代に太閤殿下としては一国のリーダーとして寛容なものである。この決断は一向宗門徒に警戒をして反対宗教門徒を作り上げるのもひとつの戦略として計算したことと、ポルトガル人に日本本土を闊歩《かっぽ》されたくないという見識であったと先行学者に分析されている。

この点は正しい分析だと思う。何しろ秀吉太閤は「中華日本」を確信し、大陸制覇を夢に描いていたくらいの御仁だから、外国文化に跋扈されるなぞ、とても許される仕儀ではない思いであったろう。

それはそれとして、ここでは宗教信心は本人任せといった見識の為政者がいたという事実である。これは時代を超えた「宗教、信仰の自由」という定理である。今日に世界に憚るところもない哲理である。であるにも拘らず、イエスは布教という美名に寄せてどんな悟《さと》りを語り、子羊たちを何処へ導こうとしていたのか。強引な勧誘は、それよりも更に強力な接触に弱く、又改宗を選択する道を取る。八百万宗門民族《やおよろずしゅうもん》の日本人には理解し辛いところか。イエズス会は日本信徒を密かに見守ることはできなかったのかと見識のない感想を抱いてしまう。無宗教者の筆者には辿り着けない境地であるが、読者の見識に尋ねたい。筆者は教祖でもどこの信徒でもない。なれど、このような課題は読者と共に大いに考えたい。著名な歴史学者である神田千里氏の『島原の乱』よりその言葉を引用させてもらおう。

「デウスは何を語り信者の心に潜むのか。仏神はいずれも信者から奪う。それに対してキリスト教は切支丹信徒に西洋文化と知識を与えるが心を奪う」。和文教本の「どちりな・きりしたん」が大活躍したのであろうか、それとも日本人の適応能力が高かったのかわからないが不思議な勢いと拡大を見せた。日本人の適応能力と真面目さを直視しなければならない。

第三節　伝説とは何か

諸説あるから、筆者が読者の皆さんに得心できるところを紹介しよう。

伝説とは、人物、自然現象等にまつわる、ありきたりの日常茶飯事なものではない異常体験を形式上「事実」として伝えた説話を言う。これは一般的な定義を示したものであるが、この事実のような説を事実が如く語り伝える伝道者が存在しないと後世に残されない。「島原の乱」は現実に起こった歴史上の事実である。そこに何ら問題も異論もないならば、筆者は本書で長々とお付き合いをして頂いた読者の皆さんを最終的にどこに着地の案内をしたらよいか迷う。

ここまでお付き合いをして頂いた読者の皆さんは確かに、大海原を走るイベリア半島の国王、貴族たちのキリシタン史はよくわかった。然し、長い思考と時間を頂いた本書の学習でそれと同じくらい、いやそれ以上に日本史の姿をしっかりと確認できたであろうか。

近時、キリスト教の日本上陸の流れについて、筆者も一面に於いて納得する。それはイベリア半島のトリプルタッグ戦略の結果であろうという見方を一様に批判して、苛政に苦しむ農民一揆と誠の神を慕う確かな宗教一揆の相互が相まって蜂起した事件である。虐《しいた》げられた往時の日本民衆の二重の怒りの声と姿だとするような論調を繁く見るようになった。然しながら、筆者はこの論調にあまり馴染まない。浅学ではあるが筆者が抱いた感触はこんな答えに辿り着いている。

ふたつの一揆軍（島原・天草）は互いに、互いを利用して、然も我がまゝに寄り添った一面がある歴史上の残酷な事実を見せた戦いであった。歴史の事実とは、全て時代の流れを変えようも修正もできないときには、残酷な一面の現実である。このことを読者は如何に思われよう。筆者の思いを偏見と指摘される声は充分に予想する。それを承知で更に一歩前に出たい。

○得意な仮説と結論

＊キリスト教がザビエルと共に上陸していなかったら、近世の日本はどんな姿を残していただろうか。

＊次にキリスト教が存在しなかったら、農民一揆は島原で籠城の作戦を選択するほど知

識と戦力を持っていただろうか。

＊天草四郎時貞は島原の戦いに勝利していたら、日本国と日本人にどんなことを期待していただろうか。

この三点は無論、仮説でしかない。ここに思いを寄せられない歴史学のどこに学習したらよいか、筆者は確信が持てないが皆さんはどうであろう。

先行学者の一歩前に出た指導姿にここでも期待する。本書の文頭部分に岡田章雄氏の一文を紹介した。

天草四郎の人物を語るに、これほどに的を射た表現はないと称賛した。筆者が密かに目論んだ「益田四郎時貞」実在の解説の自信は岡田氏の一文の前に脆《もろ》くも立ち消えた。

この「島原の乱」の事実に付随する四郎像は、主役のようで主役ではない。その場の有りようを彩る偉大な脇役ではなかったかと思えてきた。筋論を究めれば極めるほど、「益田四郎時貞」の存在が邪魔になる。仮説として「島原の乱」にはふたりの四郎が登場したと思われたい。

仮に「益田四郎時貞」は存在したということで筆者が百歩譲ったとする。しかし、紅顔の美少年「天草四郎時貞」は存在しなかったのではないか。あり体に言えば、「益田四郎時貞」は実在しても「天草四郎時貞」は実在しなくて、郷土の皆さんの胸の中に存在する伝説の美少年「天草四郎」がいたのではないかという結論が見えてきた。

確かに、『耶蘇天誅記』の中にそれらしき文脈の一文がある。然し、それは切支丹信徒から聴き溜めた村井昌弘の収集記である。それこそが誰も見たことのないはずの共通の「四郎殿」のイメージ像で、いつしか全国共通のイケメン混血児の四郎であり、それで充分であり、何の問題もない。キリシタンの心の中には間違いなく「四郎殿」は存在した。そして今でも郷土の人の心の中にしっかりと存在しているのであろう。

一方、徳川幕府が処刑した晒首《さらしくび》は実在したと言われる「益田四郎時貞」のような姿の若武者であって、「四郎首《しろうくび》」の役割をしてくれれば、邪宗から「日本国を守った徳川幕府」という事実が必要であったという思いに至る。益田四郎時貞も天草四郎時貞も実在しない。但し、伝説の「美少年天草四郎時貞」は皆の胸の中に現在も存在しているようみえる。然し、それは伝説の天草四郎であって歴史上に実在した益田四郎ではない。ややこしい説明になったが、じっくりと熟慮されたい。

歴史を語る文献も、叛乱軍がとった籠城作戦も色々語られて、とても理解できかねる。切支丹信徒の行動も敢えて、四郎の存在を考えずして、叛乱も籠城も牢人と農民の「合同作戦」であったという仮説を立てて考察すれば、規模の大きい不満分子の戦いであったような叛乱軍の姿が見える。

それをいろいろ古文書に併せ、四郎を取り入れ、解釈を無理に統一して学問的な勝利を収めようとしたところに彷徨う迷路があった。不遜な言いようであるが筆者は、かなり自信を持って読者にわかり易い解説をしていると思う。

このままではキリシタン史は理解できても、ザビエルに上陸された日本の歴史のどこに方向性を学び、賢者になれようか。やってみないで何がわかるかの意見があるとすれば、それは単に洞察力に欠ける人の声でしかない。その思考がどれだけの死人を輩出したか、大東亜戦争の歴史に学ぶところは多いはずである。

日本史は誰も賢人にできずに遠いところで彷徨っている。

「島原の乱」で天国に辿り着けた信者たちは我らに何を示そうとしているのであろうか、「キリシタン史」を語る前に「日本史」の有りようをしっかり見つめねばならない。それがたとえ「思考型学問」であろうと「暗記学問」であろうと避けては通れない道筋のはずである。そんな思いに至るのは老人学の要らざる心配であろうか。

第四節　どちらにしても「鎖国状態」へ

三代将軍徳川家光はこの「島原の乱」の終結後、日本の国家体制を「鎖国状態」に変えた。ここで読者にしっかりと認識頂きたい。近世江戸学として徳川幕府は「鎖国令」という法令を発布したわけではない。鎖国令という歴史用語もない。鎖国という用語は幕末から明治にかけて、「開国論」が唱えられたときに、対照とする用語として後世の学者が使用したことに始まる。従って、家光の時代に鎖国はない。歴史上の事実は、長崎に出島を作り、ポルトガル船の入港を禁じ、オランダ船と中国唐船に限り、条件付きでの交易を認めた。その状態の有りようが「鎖国状態」であったが、徳川幕藩体制は外国情報を全く不要なものと思っていなかったことは明白にしておきたい。「鎖国」という用語自体は長崎オランダ大通詞《おおつうじ》、志筑忠雄《しづきただお》がオランダ東インド会社のケンペルが著した論文を訳した『鎖国論』による。このあたりは大変重要なところでもあるからもう少し続けよう。

「自国にとって、外国との交流交易は情報を取る手段として大変重要であるから、断交するべきではない。然し、それも自国とって得策である場合のことであり、自国を混乱させるような恐れを招く状態にまでして、自由にするべきではない」と『鎖国論』の中で説いている。これは一見正当な理論である。事実、家光以後の徳川幕藩体制が外国情報に全く疎く、混乱したということはあまり聞かない。オランダ大通詞くらいになると、殆ど解釈に不都合はなかったように最近の講義を受けた。伊能忠敬の「大日本沿海輿地《だいにほんえんかいよち》全図《ぜんず》（樺太含む）」は今日の地図科学に照らしても大変な精度であり、諸外国からの要望は多かった。それに関して幕府の担当奉行高橋景保《たかはしかげやす》が獄殺処刑にまで追い込まれた事件もある（シーボルト事件）。これは長崎のオランダ医師シーボルトの希望に応じて、日本地図（前述）を幕府に無断で引き渡した事件である。それほどその地図は世界的に有名であったことを表している。

　このように鎖国状態の日本外交の在り方に大いに賛同奨励したケンペルは、その後も日本との交易で、他の諸外国よりもよい立場を得ていたことに関しては充分に理解したい。またオランダはキリスト教の布教に対しても、イエズス会のように徳川幕府の禁教令に対抗するような姿勢は取らなかった。禁教令の一文を紹介しよう。

條々《じょうじょう》

一．日本國被レ成二御制禁一《にほんこくごせいきんなされられ》候《そうろう》吉利支丹宗門之儀《きりしたんしゅうもんのぎ》、乍二其趣存知一《そのおもむきをぞんじながら》、彼法之者《かのほうのもの》、于レ今密《いまだみつ》〻差渡事《さしわたること》、

一．宗門之族《しゅうもんのやから》、結二徒黨一《ととうをむすび》企二邪儀一《じゃきをくわだてれば》、則御誅罰事《すなわちごちゅうばつのこと》、

一．伴天連同宗旨之者隠居所江《ばてれんどうしゅうしのものいんきょじょへ》、従二彼國一《かのくにより》つけ届け《（救援物資）》の物送與ふ事《おくりあたうこと》、

右《みぎ》、因レ茲自今以後《これよりじこんいご》、かれうた《（ポルトガル船）》渡海之儀被レ停二止之一畢《とかいのぎこれていしせられおわんぬ》、此上若差渡ニ《このうえもしさしわたるに》おひてハ、破二却其船一《そのふねはきゃくし》、幷乗來候者速可レ處二斬罪一之旨《ならびのりきたりそうろうものすみやかにざいにしょせられるべきこのむね》、被二仰出一《おうせいでさる》者成《ものなり》、仍執達如レ件《よってしったつくだんのごとし》

寛永十六年七月五日

＊解説

ひとつ書条文

一、日本のキリシタン禁制を知りながら、宣教師を密かに送ってくること。
一、キリシタン信徒が徒党を結んで邪儀を企てたときは罰を加えること。
一、宣教師が信徒を潜伏せるところへ支援物資を届けること。
以上三項を挙げてポルトガル船の渡来を厳禁する。もし禁制を破り渡海するものはその船を破却し斬罪する旨命令された。

徳川幕府は禁教令の徹底と弾圧はこの「島原の乱」終結後においては一層に厳しいものとなった。それでも、先に紹介したように所謂「隠れキリシタン」と言われる信徒たちは、陰において崩れることなく、潜んで信仰を続けた。この只管《ひたすら》な日本人の信仰心は今日でもキリスト教の世界（特に韓国）でも強く語られているという。

その後、徳川幕府は俗説に言う徳川三百年の栄華を誇り、尊王攘夷の幕末までは日本文化の醸成に大きく貢献した。我らもその事実を認めてやらなければいけない。

幕末に米国から来航したペリーが浦賀沖に停泊し、徳川幕府に激震が襲った。ここまでは読者の皆さんもご存じのところであろう。

ここから先は豆知識くらいで読まれたい。

ペリー来航は二度ある。一度目（嘉永六年・一八五三）の浦賀港への訪日は、日本近海での捕鯨に関わる食料、水等の確保のために寄港の許可を求めてきた、立ち寄り訪問であったが、二度目の訪日では五港の開港を求め（下田・函館の二港開港）、強硬な態度であったようである。オランダに応援を期待したが、米国に開港する方が得策のような案を提示されたという。

ここでの日本側の対応であるが、最近ではペリーの要求はそれほど強行ではなかったという学説も聞かれる。外交である以上は単なる談話とは違ったものであろうが、往時の大学頭《だいがくのかみ》林《はやし》復斎《ふくさい》はペリーと対等に交渉をやってのけた。捕鯨時の水と薪、食料は長崎港で調達することを認め、それ以外は拒否を通したという。

そのころのペリー来航時の部下の記述による日本文化に対する評価を紹介した本がある。それによると、極東の小島にしては優れたる文化と教養のある住民が生活していたと驚嘆の表現をしている。この紹介を見ても鎖国状態はそれなりに日本民族の文化を創出し、今日でも世界中でそれなりに高い評価をされている（『裸はいつから恥ずかしく

なったか　日本人の羞恥心』中野明《なかのあきら》　新潮選書）。

　ややこじつけるが、島原の乱によって徳川幕府と日本人は日本国を守った一面もあろう。それが良いか悪いかは筆者の判断を超えるが、天草四郎時貞（益田四郎時貞ではない）が実在していたら、生活習慣も違っていただろうし、言葉も違う民族になっていたかもしれない。そしてすっかり洋風化した日本であったら、ペリーの黒船くらいでは驚かない日本国になっていたであろうか。山本七平氏の「イザヤ・ベンダサン」の如く何教であってもよいが、日本人と日本国家の平和と安寧《あんねい》が欲しい。

終章

あとがき

遠藤周作の『沈黙』を見た。大変に考えさせられたが、中々、答えを出せないでいる。信仰に生きるということが、どれほどのことか思い知らされた。筆者は無宗教者である故か、切支丹信者の心境には思いがとどかなかった。殉教という言葉の実感も摑めないまま、殆どが苦悩と悲惨さで終わってしまった。思想、宗教に対して虐待を加え相手を威嚇するやり方は、到底支持できることではないが、さりとてその虐待に耐え続ける信者にも共感できそうにない。どうしてデウスの存在が斯程まで人の心に重いのか、今もってわからないままである。

ある有名な小説家が言う。今、大きな災害が来たら先生はどうしますかの問に答えて曰く、「私は逃げます、ひたすらに逃げます。何も考えずに無心になって逃げる」と。何となくではあるが、完璧な解答のように思えた。無論、正解であるかどうかはわからないが、筆者には迷いを払拭される思いがした。

読者と共に思考をし、うまく着地できたかどうかわからないが筆を進めてきた。しかし、残念ながら一揆軍と言われる本当の切支丹たちの手による生の文献は何もない。後世の学者諸先輩たちも、軍記物を超える文書に対しては手探り状態であると思う。死にゆく身の信徒が、誰かに宛て文書を書き残して、何かを語ろうとするものであろうか。一部の巻き添え者はあるとしても、彼らは失望のあまり、答えを現世に求めていなかったであろう。

今でも隠れキリシタンと呼ばれる信徒がいる。そして自ら、自分をカクレキリシタンと語る学者もいる。〝愚者は経験に学び、賢者は歴史に学ぶ〟という格言は、有名なドイツの宰相ビスマルクの言葉である。今、我々は経験に学び、歴史にも学ばねばワールドワイドで世界を股《また》に掛けて走れない。それでいて、いつも正しい答えをタイムリーに用意しなければいけないスピード時代。その一役《いちやく》に資する学問であるはずの歴史学であるが、時として無役《むえき》に過ぎないこともある。

今、高等教育の在り方が議論の中にある。高校の歴史教科書が大きく姿を変えようとしている。ここはまえがきでも触れた。一六〇〇語が削減の対象になっているが、この拙著が読者の目に触れているときには、文科省の方針は検討の段階を過ぎて、確定された教材が語られているような気がする。受験生は増加一方になった歴史用語を丸暗記するだけの学習である。深層学習には程遠い実態を高大研が表にして、方針を変えようとしている。

明確にしておきたい。筆者はこれが事実かどうかを今、問題にするつもりはない。歴史は生きている。日々変化するという。当然の話であるが、さりとて現役の教授が、歴史の教科書には本当のことは何も載っていないと言う、テレビ受けを狙ったような放言は謹んで貰いたい。いつの時代の受験生が、事実の載っていないと放言された教科書を基本にして学習をするものであろうか。それとも、その高名な学者は受験生の時代、教科書も歴史担当の先生の「暗記型授業」も疑いながら青春を謳歌《おうか》し、今日に至ったものであろうか。それとも暗記学問でないことを知り、自ら熟慮して問題点を捉え、独自の歴史学を学習していたということか。先人たちが正しく教えたはずの日本史学がどこかで着地を間違えてしまったのであろう、どこへ行く彷徨える日本史。物知りで著名な池《いけ》上彰《がみあきら》氏の言葉を借りよう。

〝歴史を知る大きな目的のひとつは、国や人々の過去の判断、行動を知り、人間の愚かさや賢さについて考え直すことができることです〟。わかり易くて正解答であろう。

重ねて言おう。歴史教科書の大幅改変に異議を唱えるつもりはない。然し、次なる日本史の教科書が、本当に暗記学問でなく目指す、Deep Learning（深層学習）にどのように寄せ付けるのか、多分に疑しい思いである。

筆者は浅学なのか、歴史学の基本は暗記から始まり、暗記用語の活用と理解に基づき、熟慮されるべき案件や事件を発見し、捻出されるものと思っている。あり過ぎる歴史用語は整理されてもよい。学問用語の検討は、それはそれでよいだろう。しかし、たとえその姿勢であっても暗記作業は重要であろうし、決して無用の道具ではない。でもここでそんな揚げ足を取っても意味がない。それよりもどんな教科書を用意すれば、将来、有益な人材の育成に繋がる歴史学になるのか日本中の関係者が期待する。

最近、古代史に於ける古墳解析に、科学の力が貢献している様子が見える。近世日本史の研究にも、科学の力添えのある姿に読者も筆者も期待する。とは言え、この四郎案件は、歴史学として学術的な方向をつけないといけない。無駄ではないが前進することになんの躊躇いがあるか、何処か避けている。今まであった通説というものの検証をし直すことから始めるくらいの積極性がないと、文献そのものが古い知識に引っ張られていくことになる。駄目なものはダメと判定しないと、明治の学者の学説を支持して力説されても、そんな学説を誰も支持はしないであろう。

世界文化遺産が歴史学を超える。この事実に対しても、歴史学的にはっきりと否定した根拠のある、そして批評に耐えられる、全うな論文を後世に引き継がないとオタク歴史学ではその役を果たせない。

本書の巻末にあたり、筆者には解けない疑問が残っている。

「かづさじゆわん」の廻状で、日本全土の貴利支丹信徒に一斉蜂起を呼び掛け、全滅覚悟で戦った経緯をきちんと、神父の誰かがイエズス会総長に報告しているのか。「四郎殿」の全滅覚悟の合戦が、ローマ法王庁に於いて殉教として語られていようか。もし報告されていないとしたならば、それは日本史学の責任か世界史学の責任であろうか。

〝それでも天草四郎時貞は本当にいたのであろうか、誰もわからない〟

今回も九州大学図書館、福岡県立図書館、福岡市立図書館の司書の皆さんと幻冬社ルネッサンス新社の矢口仁編集長と拙著担当の石坂洋子編集委員、近藤碧編集委員、揚野市子編集委員とそのグープの皆さんに厚く御礼申し上げます。

そして拙著の前作『彷徨える日本史　翻弄される赤穂の浪士たち』をご愛読頂きました読者の皆さんにも、再び御礼申し上げます。

書名　文献名（あいおうお）順	著者	出版社	発行年月日
あ～お行			
アジア戦国大名《せんごくだいみょう》　大友氏《おおともし》の研究《けんきゅう》	鹿毛敏夫《かげとしお》	吉川弘文館	2011年11月20日
天草時貞《あまくさときさだ》	岡田章夫《おかだあきお》	吉川弘文館	1860年9月25日
天草四郎《あまくさしろう》	海老沢有道《えびさわありみち》	人物往来社	1905年5月某
天草四郎《あまくさしろう》　決起《けっき》の謎《なぞ》－島原《しまばら》の乱豊臣家再興《らんとよとみけさいこう》の決戦《けっせん》だった	前沢和彦《まえさわかずひこ》	日本文芸社	1905年6月6日
天草四郎《あまくさしろう》の正体島原《しょうたいしまばら》・天草《あまくさ》の乱《らん》を読《よ》みなおす	吉村富雄《よしむらとみお》	洋泉社	2015年4月9日
大村郷村記《おおむらごうそんき》	藤野《ふじの》保《たもつ》編著《へんちょ》	国書刊行会	1982年1月6日
大村藩《おおむらはん》の人口問題《じんこうもんだい》を考《かんが》える　人口政策《じんこうせいさく》を中心《ちゅうしん》に	熊野道雄《くまのどうゆう》	大村史談会	不明
か～こ行			
完訳《かんやく》フロイス日本史《にほんし》①将軍義輝《しょうぐんよしてる》の最期《さいご》および自由都市《じゆうとし》 堺《さかい》　織田信長《おだのぶなが》編Ⅰ	ルイス・フロイス著《ちょ》 松田毅一《まつだきいち》・川崎桃太《かわさきももた》訳《やく》	中央公論新社	2000年1月25日
完訳《かんやく》フロイス日本史《にほんし》③織田信長編《おだのぶながへん》Ⅲ安土城《あずちじょう》と本能寺《ほんのうじ》の変《へん》	ルイス・フロイス著《ちょ》 松田毅一《まつだきいち》・川崎桃太《かわさきももた》訳《やく》	中央公論新社	2000年1月25日
完訳《かんやく》フロイス日本史《にほんし》⑫キリシタン弾圧《だんあつ》と信仰《しんこう》の決意《けつい》大村《おおむら》 純忠《じゅんただ》・有馬晴信編《ありまはるのぶへん》Ⅳ	ルイス・フロイス著《ちょ》 松田毅一《まつだきいち》・川崎桃太《かわさきももた》訳《やく》	中央公論新社	2000年1月25日
カクレキリシタンの実像日本人のキリスト教理解と受容	宮崎《みやざき》　賢太郎《けんたろう》	吉川弘文館	2014年2月1日
キリシタンの世紀《せいき》　ザビエル渡日《とにち》から「鎖国《さこく》」まで	高瀬弘一郎《たかせこういちろう》	岩波書店	2013年10月24日

キリシタン大名《だいみょう》	岡田章夫《おかだあきお》	吉川弘文館	2015年5月1日
キリシタン史《し》の新発見《しんはっけん》	岸野久《きしのひさし》・村井早苗《むらいさなえ》編《へん》	雄山閣出版	1996年1月5日
キリシタン大名《だいみょう》　大村純忠《おおむらすみただ》の謎《なぞ》	大村純忠《おおむらすみただ》顕彰《けんしょう》事業《じぎょう》実行《じっこう》委員会《いいんかい》	西日本新聞	1989年
キリシタン史の謎を歩く	森禮子《もりれいこ》	教文館	2000年1月5日
キリシタン　史実と美術《びじゅつ》	松田毅一《まつだきいち》	淡交社	1969年
上天草史大矢野町編《かみあまくさしおおやのちょうへん》3　近世《きんせい》　天草島原《あまくさしまばら》の乱《らん》とその前夜《ぜんや》	鶴田倉造《つるたくらぞう》	熊本県上天草市	2005年3月30日
検証《けんしょう》　天草島原一揆《あまくさしまばらいっき》	大橋《おおはし》　幸泰《ゆきひろ》	吉川弘文館	2008年6月1日
原資料《げんしりょう》で綴《つづ》る天草島原《あまくさしまばら》の乱《らん》	鶴田倉造編集《つるたくらぞうへんしゅう》	本渡市	1994年3月30日
国史大辞典《こくしだいじてん》	吉川弘文館　編集	吉川弘文館	1980年
さ〜そ行			
島原《しまばら》の乱《らん》とキリシタン	五野井隆史《ごのいたかし》	吉川弘文館	2014年9月1日
島原《しまばら》の乱《らん》　キリシタン信仰《しんこう》と武装蜂起《ぶそうほうき》	神田千里《かんだちさと》	中央公論新社	2005年10月25日
島原《しまばら》の乱《らん》・天草《あまくさ》の乱《らん》　信仰《しんこう》に生《い》きたキリシタンの戦《たたか》い	煎本益夫《いりもとますお》	新人物往来社	2010年
島《しま》の科学研究所編《かがくけんきゅうしょへん》　壱岐島《いきしま》　キリシタン資料《しりょう》	島《しま》の科学研究所《かがくけんきゅうしょ》	同上	1989年10月1日
週刊《しゅうかん》　絵《え》で知《し》る日本史《にほんし》25号《ごう》　島原《しまばら》の乱図屏風《らんずびょうぶ》	集英社	集英社	2011年4月14日
新宇土史《しんうとし》　通史編《つうしへん》　第二巻《だいにかん》　中世近世《ちゅうせいきんせい》	新宇土市《しんうとし》	文化課	2007年6月29日

人文《じんもん》資料《しりょう》科学《かがく》の現在《げんざい》Ⅱ菅谷宣興《すがやのりあき》	菅家宣興《すがやのりあき》	春風社	2008年10月1日
宣教《せんきょう》と受容《じゅよう》　明治期《めいじき》キリスト教《きょう》の基礎的研究《きそてきけんきゅう》	中村博武《なかむらひろたけ》	思文閣出版	2000年3月1日
続々群書類従《ぞくぞくぐんしょるいじゅう》　第四巻《だいよんかん》	市島《いちじま》　謙吉《けんきち》	著作出版	1907年6月25日
四郎乱物語《しろうらんものがたり》	安高啓明《やすたかひろあき》　監修《かんしゅう》	天草市立キリシタン館	2016年3月31日
た～と行			
地域社会《ちいきしゃかい》の展開と幕藩制支配《ばくはんせいしはい》	森安彦《もりやすひこ》	名著出版	2016年5月24日
筑前《ちくぜん》の小京都《しょうきょうと》秋月戦国時代編《あきづきせんごくじだいへん》	秋月《あきずき》市《し》商工観光課《しょうこうかんこうか》	同上	不明
土佐《とさ》　キリシタン	石川　潤郎《ゆうろう》	西村謄写堂	1988年8月8日
な～の行			
長崎県島原半島史《ながさきけんしまばらはんとうし》（上、中、下巻）	林《はやし》　銑吉《せんきち》	南高来郡木養育委員会	不明
逃《に》げる百姓《ひゃくしょう》、追《お》う大名《だいみょう》　江戸《えど》の農民獲得合戦《のうみんかくとくがっせん》	宮崎《みやざき》　克則《かつのり》	中央公論新社	2002年2月25日
日本人《にほんじん》キリシタン史の研究《けんきゅう》	五野井《ごのい》隆史《たかし》	吉川弘文館	2002年10月1日
日本人《にほんじん》の信仰《しんこう》－民族の「三つの魂」	梶村《かじむら》　昇《のぼる》	中央公論社	1988年8月15日
日本近世《にほんきんせい》の地域社会論《ちいきしゃかいろん》	丸山　雍成《やすなり》	文献出版	1998年
日本伝説《にほんでんせつ》　捨遺会天草四郎《じゅういかいあまくさしろう》の虚《きょ》と実《じつ》	教育図書出版《きょういくとしょしゅっぱん》	山田書院	不明

参考文献、著書名

信長《のぶなが》はなぜ葬《ほうむ》られたのか世界史《せかいし》の中《なか》の本能寺《ほんのうじ》の変《へん》	安倍《あべ》竜《りゅう》太郎《たろう》	幻冬舎	2018年7月27日
は〜ほ行			
裸《はだか》はいつから恥《は》ずかしくなったか	中野《なかの》明《あきら》	新潮社	2010年5月1日
フロイスの日本《にほん》覚書《おぼえがき》日本《にほん》とヨーロッパの風習《ふうしゅう》の違《ちが》い	松田《まつだ》毅一《きいち》・Eヨリッセン	中央公論社	1983年10月1日
フロイスのみた戦国日本《せんごくにっぽん》	川崎桃太《かわさきももた》	中央公論社	2006年2月25日
ま〜も行			
マリオ・マレガ豊後《ぶんご》キリシタン資料《しりょう》	別府サンジオ會（九州大学蔵）	マリオ・マレガ	1940年
や〜ん行			
耶蘇天誅記《やそてんちゅうき》から探《さぐ》る天草島原《あまくさしまばら》の乱《らん》	岡部敏和《おかべとしかず》	論文（国会図書館蔵）	不明
耶蘇天誅記《やそてんちゅうき》巻《まき》の一《いち》	岡部敏和《おかべとしかず》	資料研究会	2007年11月25日
吉田神道《よしだしんとう》の四百年《よんひゃくねん》　神と葵の近世史（歴史文化ライブラリー）	井上智勝《いのうえともかつ》	講談社	2013年1月11日

〈著者紹介〉

源田京一（げんだ きょういち）
1946年生まれ。名城大学法学部卒業。1968～2006年大塚ホールディングスのグループ会社に在職。
近世江戸学研究家。退職後、九州大学文学部で近世江戸学を12年間聴講中。現在、72歳で農業を主として営む。

編集協力　インパクト

誣説《ふせつ》が先行《せんこう》する南海《なんかい》の美少年《びしょうねん》
天草四郎時貞《あまくさしろうときさだ》の実像《じつぞう》
彷徨《さまよ》える日本史《にほんし》

2018年12月20日　第1刷発行

著　者　源田京一
発行人　久保田貴幸

発行元　株式会社 幻冬舎メディアコンサルティング
〒151-0051　東京都渋谷区千駄ヶ谷4-9-7
電話 03-5411-6440（編集）

発売元　株式会社 幻冬舎
〒151-0051　東京都渋谷区千駄ヶ谷4-9-7
電話 03-5411-6222（営業）

印刷・製本　シナジーコミュニケーションズ株式会社

装　丁　プッシュ

検印廃止

ISBN 978-4-344-92004-0 C0021
幻冬舎メディアコンサルティングHP
http://www.gentosha-mc.com/